当代健康心理学经典译丛

冯正直 | 总主编

军事心理健康指南

军人及家庭、社区手册

Military Mental Health Care

A Guide for Service Members, Veterans, Families, and Community

【美】谢里尔·劳霍姆-斯科特 Cheryl Lawhorne-Scott
【美】唐·菲利普特 Don Philpott
著

冯正直 祖 霞 | 译

西南师范大学出版社
国家一级出版社 全国百佳图书出版单位

图书在版编目(CIP)数据

军事心理健康指南：军人及家庭、社区手册 / (美)谢里尔·劳霍姆-斯科特，(美)唐·菲利普特著；冯正直，祖霞译. -- 重庆：西南师范大学出版社，2016.12

书名原文：military mental health care：A guide for service members, veterans, families, and community

ISBN 978-7-5621-8398-3

Ⅰ.①军… Ⅱ.①谢… ②唐… ③冯… ④祖… Ⅲ.①军事心理学—指南 Ⅳ.①E0-051

中国版本图书馆CIP数据核字(2016)第284966号

军事心理健康指南：军人及家庭、社区手册

著　　者：[美] 谢里尔·劳霍姆-斯科特(Cheryl Lawhorne-Scott)
　　　　　[美] 唐·菲利普特(Don Philpott)
译　　者：冯正直　祖　霞

责任编辑：任志林
封面设计：畅想设计
照　　排：李　燕
出版发行：西南师范大学出版社　地址：重庆市北碚区天生路2号
　　　　　邮编：400715　网址：www.xscbs.com
　　　　　市场营销部电话：023-68868624
经　　销：新华书店
印　　刷：重庆共创印务有限公司
开　　本：720mm×1030mm 1/16　印　张：15.75　字　数：231千字
版　　次：2017年5月第1版　印　次：2021年1月第3次印刷
著作权合同登记号：版贸核渝字(2016)第162号
书　　号：ISBN 978-7-5621-8398-3

定　　价：63.00元

序

人们对于健康的认识,经历了一个渐进发展的过程。最初人们认为没有疾病就是健康。1948年世界卫生组织在宪章中指出:“健康不仅仅是没有疾病和衰弱现象,而且是一种躯体、精神和社会上的完满状态。”这个定义强调了心理健康和社会功能的完满,拓展了人们对于健康的认识。1989年世界卫生组织再次深化了健康的概念,认为健康包括躯体健康、心理健康、社会适应良好和道德健康。可见,人类的健康观由单一的生物医学模式逐步演变为生物—心理—社会模式,再到生物—心理—社会—道德模式。人类对于健康的认识越来越全面,越来越科学,其中心理健康在人类健康中始终发挥着重要作用。

对军人心理健康的认识也经历了类似的过程。最初,人们只关注对于军人心理症状的筛选。而实践经验表明,有些官兵虽然在心理症状筛查时表现良好,但是在面对残酷性、破坏性、突然性、复杂性空前增大的现代战争环境和非战争军事行动时,心理问题却很快凸显,造成心理减员,这对军人的心理健康提出了更高的要求。近年来,欧美等军事强国越来越认识到衡量军人的心理健康仅仅靠心理疾病和心理症状的诊断标准是不够的,还要重点考察与战斗力生成直接相关的心理素质和心理能力。他们根据本国军人的特点,建立了适应本国实际和时代发展特点的心理健康评定维度和标准,并用于军人心理健康档案的建立、心理健康的教育和训练,提高了军事绩效和部队战斗力。美国对本国军人的心理健康维度和标准研究十分深入,建立起了一套行之有效的评测体系和标准,他们认为,预防身心疾病,增强军队抗压能力,和成本高昂的由军事活动诱发的身心疾病治疗及照顾相比,心理训练更为经济有效，从而促使美国军方积极开展心理培训方案的研究。2011年美军与哈佛大学合作，耗资3亿美元研究军人幸福课程教育训练体系。特别是近期，美军发展了综合军人健康计划，认为军人应具备足够的心理能量、心理技能、心理弹性及出色完成任务所需要的心理资源。军人入伍后，第一步就是要接受《综合评估量表》(global assessment tool，GAT)关于情绪、社交、家庭及心理能力四方面的评估，然后进行系统的教育训练。这使美军在现代历次战争中，战斗心理应激、战争精神病发生率大大降低。而且美军十分重视心理训练在战场上的作用，他们不但建立了特殊作业环境下虚拟情景等训练模型，对作战人员进行科学的心理训练，而且根据作战任务的需要，制订相应的心理训练指南。据统计，在近几场现代战争中，美军通过心理训练使非战斗减员下降了25%—50%。白俄罗斯军队成立了以道德素质为主要研究和关注重点的心理训练工作体系，其研究和训练范围不仅包括军人自身，还涉及军人家属和部队文职人员。

从20世纪50年代起，我军对飞行员的心理训练进行了初步研究，但一直都处于相对滞后的阶段；直到20世纪末21世纪初，心理服务工作才进入了快速发展的阶段。现阶段，我军心理训练体系研究主要集中在两方面，即模式构建和效果研究。首先，建立了军人心理干预系统。该系统从入伍选拔入手，结合个人认知和行为维度，全方位地锻造军人心理素质，包括心理测评选拔和档案管理、专业人才培养、心理教育训练、危机干预等四个子系统。另外，还研发了一套具有我军特色的军人心理卫生测评、管理系统及配套的心理行为训练器械。其次，探索了军人心理素质训练模式。该模式以促进军人积极适应、持续发展和主动创造为基本目标，发展军事技能、个性、社会性和创造性等作为主要内容，通过创设情境、激励参与、策略训练、反思内化等环节，完成军人对军营生活和人际交往的适应性训练。总的来说，我军的心理健康训练还处于起步阶段，虽然做出了一些有益的探索，但是心理健康教育训练依然没有大纲和教案可以遵循，没有形成模式，不成系统。针对不同军兵种的心理健康训练方案更是研究空白。为了在未来战争中占据主动，确保能打仗、打胜仗，迫切需要建立起适应部队新形势的中国军人心理健康评价标准和训练指南。这对提高我军的心理健康水平，保持和提高战斗力具有十分重要的意义。因此，翻译出版美军的《军事心理健康指南：军人及家庭、社区手册》具有十分重要的意义和价值。“他山之石，可以攻玉”，希望这本书在基层部队的教育和训练实践中，为探索出一套本土化的、适应我军特点的心理健康教育训练指南提供借鉴。

苗丹民

2016年6月20日

译者序

朝向复元和整体的军人心理健康观

1917年，美国议会向德国宣战，正式加入第一次世界大战协约国的阵营。美国参战后不久，时任美国心理学会主席的罗伯特·耶基斯(Robert M.Yerkes)公开鼓励心理学家们参与到军事工作中去。当时，美国军方对于快速甄选士兵有极大的需求，但已有的比纳智力测验仅能测验个别士兵，无法实现大批量甄选。在这种情况下，耶基斯推动美国心理学会执行委员会着手设计一种标准化的测验，它可以用于团体施测，这个测验就是后来大家所熟知的陆军甲种测验(Army Alpha Test)。军方同意在军队中进行试测，并任命耶基斯主管这一测验项目。这一项目雇佣了350多名心理学家和研究生，后来又发展出适用于母语为非英语和文盲被试的非文字测验陆军乙种测验(Army Beta Scale)，直到战争结束总共测量了近两百万人。

除了耶基斯，还有一些著名的心理学家如华生(John B. Watson)、桑代克(Edward L. Thorndike)、武德沃斯(Robert S. Woodworth)都为美军提供过服务。而心理学也在第一次世界大战后获得了惊人的发展，开始从军队推广至商业和教育领域。现代心理学的发展与第一次世界大战有着极其密切的关系，当然，其中最重要的推动因素还是心理学家们将自己的专业知识在军事领域的应用、实践。

心理学在军事领域的专业知识实践取得的成功，不仅得到美国军方的长期支持和持续推动，甚至还深刻地影响了他们的健康观念，带动了军事健康领域的变革。在积极心理学畅行全美、影响世界的同时,2008年,时任陆军参谋长的乔治·凯西(George Casey)上将邀请积极心理学家塞利格曼(Martin Seligman)在五角大楼共进午餐。席间,凯西将军指出,用药控制身心竟如此普遍,军方认为他们有必要对年轻士兵训练其身心的还原和适应能力。这是美军在未来10年里能够拥有一支迅速振作,能够应对持续战争考验的队伍的保证(Seligman,2012)。于是,塞利格曼组织了一批研究者,主持了心理强健测验、弹性训练和自我成长项目。这一系列项目取得了成功,军人们在面对认知、情感和身体方面挑战时表现出来的勇气、团队合作、乐观、毅力等品质被认为是取得成功的重要因素,而以积极心理学为基础的训练有效地减少了577名成人被试的抑郁情绪(Cornum et al., 2011)。在积极心理学的推动下,心理学专业知识在军事领域的实践应用开始发生转变,由以选拔和训练为主的被动预防转向以还原和适应(注:"resilience"一词在英文里包括还原和适应两个意思,中文里与之对应的词较好的是"复元")为主的主动发展。更为关键的变化是,军人的心理健康不再是仅仅关注单独的个体有无心理疾病,而是将其放回到家庭—组织—社会的多重脉络中,检视其可发展和适应的可能性。

2009年,美军整合生物—心理—社会医学模式和积极心理学的基本观念,以还原和适应为核心,发展出"军人整体强健计划"(Total Force Fitness,简称TFF)的模式。这一模式将强健分为身、心两方面,前者又包括身体、营养、医药和环境4个方面,后者包括精神、心理、行为以及社会与家庭4个方面,而这8个方面统合在组织、家庭和环境共同构成的外部影响因素之中。虽然有身心之分、内外之别,但整个模式以弹性和整体观念为基础,不仅看到身心、内外的交互影响和作用对个体健康的影响,更突破个体的单一层次,从组织、军队、家庭和社会多个层面解读健康。在这个模式里,士兵心理健康不只是"psychological fitness",而是在身心互相影响、个体、组织、家庭和社会等多种层面作用下,包括精神、心理、行为和社会及家庭的"mind fitness"。更为重要的是,TFF所认同的健康是贯穿军人一生的健康,而不只是局限于战场上、服兵役期间的健康。

本书正是作者在对"mind fitness"理解下的一本著作。全书共16章,为方便读者查阅,其中有13章直接以军人常见的心理问题命名,其余3章虽然不涉及某一病名，但仍然是与军人心理健康密切相关的主题，分别是“心理弹性”“军属”和“健康与幸福”。每一章里作者都提供了个体、家庭和组织甚至社会多个层面如何参与解决军人心理健康问题的具体建议，在解决某一具体的心理问题时，作者亦列举出患者从行为到心理状态到精神层次以及家庭或社会参与中的各种表现。诚如本书作者所言，解决书中所列举的这些心理问题不可单一化，而要寻求综合性的解决方案。因此，本书从系统的角度思考心理健康与军人生活的关系，并非单单着力解决军人的某类心理问题，能够为军人心理健康事业提供综合、全面的视角。除此以外，相对同类书籍而言，本书还具有以下特点：1.涵盖了军人心理健康中的绝大部分问题，提供了有效易用的解决方案；2.实践性和操作性强，将军人心理学领域的研究成果有效地转化为可应用方案；3.对美国军人的健康保健系统机构及组织、信息提供及援助等内容有较为详细的描述和说明，对于我国军人健康保健系统的建立有重要的借鉴和参考价值。当然，本书也有一些缺点：作者虽然努力地想在书中表达出对TFF的理解，但囿于其专业背景，本书仍然是偏重于医学模式的，社会—心理层面的解读并不充分；对于作者不熟悉或者说学界尚未形成公论的某些心理疾病，本书的资料还不太完备；作为一本定位为指导实践应用的书，本书对某些科研成果的解读稍显生硬，不那么通俗易懂，等等。对于中国的读者来说，建议先对美军的“整体强健”(TFF)和积极心理学的“心理弹性”(psychological resilience)有个基本的背景理解，再来阅读本书，或能有更好的收获。

“知己知彼，百战不殆”。作为中国的军事心理学工作者，阅读此书时我们为我国军事心理健康领域中还没有一本像本书一样整体、系统又通俗地对军事心理健康问题进行解读的书籍，感到深深的遗憾。当然，我们深知，中国军人有不同于美国军人的文化心理，中国的军事心理健康学有着不同于美国的历史传统、深厚资源以及时代背景，我们需要在学习他山之石的同时，经由审慎的反思，站在对现状了解的基础上，挖掘我们的历史资源，在将来的工作中为促进中国军事心理健康工作的发展而继续辛勤努力。

感谢西南师范大学出版社任志林同志对《军事心理健康指南：军人及家庭、社区手册》的倾心支持，他以高效求精的办事作风，使本书能与读者见面。

感谢胡建军、王海龙、薛远征、王治上、张钦、孙涛、管江衡、刘超智、贾剑坤、钟俊、宋春卫、杨刚、易昱昊、王栋、李行、马天翊、李薇薇、王一然、朱静宜同学的辛勤付出和努力。

感谢王立菲副教授、罗茜副教授、王晓霞讲师、张晶轩讲师、夏凡助理，感谢刘可愚、刘萧、赵梦雪、光裕、江文博士，感谢胡丰、范冬妮、靳灿灿、赖薇、黄悦、夏蕾硕士，是他(她)们的4次审校才能使本书具有科学性和可读性。

最后，我们要特别感谢第四军医大学医学心理系苗丹民教授为本书作序。

冯正直　祖霞

2016年6月12日

于重庆沙坪坝高滩岩第三军医大学心理学院

前言 Foreword

“要强身，要强壮，更要强心！”这并非仅仅是一句口号或广告语，而是满足于维护部队生活的标准。

我们每个分支机构均管理着一项心理韧性训练项目，它们采用了“军人整体强健计划”模型。这一模型不仅是教你“如何做”，而且是一整套维持健康生活方式的行为和训练的体系，这个体系简单易学、人人皆可成就。现代社会对健康的看法比较狭隘，在军人群体中更加突出，他们总是把“健康”仅仅看作生理健康，但是“保持健康”可不仅仅是跑步、俯卧撑和越野障碍训练，也应当包括那些能够修复和滋养心灵的元素。生理健康固然重要，但是营养、行为、心理、环境、经济、社会和精神这些元素也是日常生活中维持军人全面健康的支柱。

军人心理的强健是我们的最终目的，但不幸的是，在我们的工作中没有把这一目标真正贯彻实现。我们把心理健康定义为有能力去战胜挫折和灾难，从挫折中恢复且重返最佳状态。不同的心理健康训练项目均提供了有助于人们在身、心、灵各个层面克难复元的资源。当你逐章阅读本书时你会发现，心理韧性从最初受到伤害、到康复、再到保持良好状态各个阶段均起到了重要作用。

大多数损伤、疾病或挫折都有相应的医治方法，同时我和我的妻子丽莎也欣慰地看到“军人整体强健计划”提供了另外一些可以补充到现有医疗方案中的方法和康复方式，比如瑜伽、冥想、针灸、一对一咨询以及动物陪护等，这些方法不用服药，但对健康能够起到重要作用。

在我们25年的婚姻中，长年累月的军事部署和多达16次的搬家，使我们的家庭经历了不少伤害和损失。我和丽莎的个体经验足以证明心理韧性对家庭和谐有着持续一生的重要性。因此,我们完全相信,无论是个体还是家庭,单位还是组织,一旦掌握了“军人整体强健计划”,就会长期保持一种稳定的身心强健的人生状态。

最后,我和丽莎向那些为我国国防做出恒久努力和突出贡献的军人家庭致敬!

要强身!要强壮!更要强心!

布莱恩·巴塔利亚　丽莎·巴塔利亚

(布莱恩·巴塔利亚一级军士长,是五角大楼参谋长联席会议高级招募官员)

绪论 Introduction

随着每月成千上万的士兵从伊拉克和阿富汗战场返回，国防部和退伍军人事务部疲于应付大量心理和社会援助任务。每3个退伍军人中就有1个曾经罹患或正在经历严重精神健康或心理问题，这给他们重新适应正常生活环境带来了困难，致使不少军人的婚姻以离婚告终，也使得自杀、失业和流浪的比例增高。从战场返回的士兵及其家庭目前缺少解决问题所需的资源，而这本书的目的即是弥补这一缺憾。

心理健康关乎我们如何思考、感觉和行动。它决定了我们如何适应要求，如何与他人联系以及如何做出选择。如同生理健康一样，心理健康是整体健康之基础，在生命的每一个阶段都十分重要。

本书旨在为那些受伤的战士及他们的家庭、他们所爱的人们提供易于掌握和使用的指南。在军队和其他领域已有大量的书籍、组织和网站提供了各种各样的信息，但如何把这些信息汇聚起来使它们在关键时刻能够为人们排忧解难并非易事。本书汇集了成百上千种公共领域内的信息。同时，本书的不少内容来自退伍军人事务部、国防部及其分支机构。我们得到了它们的支持，并且尽最大的努力保证了数据的可靠性、真实性。

总之，我们的目标是提供一个能够帮助有需要的人们快速获得医疗、康复、咨询、支持、过渡以及长期看护等相关信息的综合体系。

问题的程度

心理健康问题并不意味着你软弱无力，不过损伤（包括心理损伤）确实会影响每个人的健康，哪怕是身体强壮和内心勇敢的人也不例外，甚至是那些很有成就的军官和战士也不能幸免。

对心理健康问题的耻辱感阻碍了人们去寻求帮助。实际上找到解决问题的办法才是成熟和有能力的标志。他人的帮助有时是解决问题的唯一办法，比如，你不能仅凭自己一个人的力量爬上墙，你还需要找兄弟们来帮忙。知道何时以及如何获得帮助也是军事训练的一部分。

创伤后应激障碍(PTSD)不是唯一一个可能在退役后出现的严重问题，还需要注意本书里面出现的其他问题。不仅仅是关注自己的问题，还要留心身边的伙伴和家人。

战争经历和战场应激反应(尤其是那些由于人员伤亡带来的应激)会使一个悲观的人想自残和自杀。如果你或你周围的人有这样的情况，请务必慎重对待并寻求帮助。

正如心理复元(mental health recovery)的全国共识声明(the National Consensus Statement on Mental Health Recovery)所言："心理复元可以使一个有心理健康问题的人努力发挥自身潜能，在其社区过上有意义的生活，并踏上疗愈与转化之旅。"为了帮助每一位有心理疾病的退伍士兵尽早康复，退伍军人事务部将"复元"作为整个心理健康服务体系所遵循的指导原则。"复元"是一个增强希望、自我定位、自我激励、尊重，并得到同伴支持的旅程。

译者注："军人整体强健计划"(Total Force Fitness, TFF)是美国国防部建立和维护军人健康、敏捷度和效能表现的总体指导框架。这一框架将健康、幸福和复元视为一体化概念，旨在建立心灵、身体、精神和家庭与社会关系的最佳联结。

目 录 | CONTENTS

第一章
创伤性脑损伤

什么是创伤性脑损伤（traumatic brain injury，TBI）

创伤性脑损伤是由于头部受到外力打击、撞击或穿刺而造成的大脑功能损伤，根据严重程度可分为“轻度”（精神状态或意识短暂改变）和“重度”（损伤后长期昏迷或遗忘）。虽然不是所有的头部伤害都会导致创伤性脑损伤，但创伤性脑损伤一旦发生，患者的大脑功能就会受到短期或长期的影响。

引起创伤性脑损伤的因素有哪些

导致创伤性脑损伤的主要原因有：

- 子弹、碎片、爆炸

- 跌倒
- 机动车交通事故
- 暴力袭击

爆炸是战场上发生创伤性脑损伤的首要原因。

创伤性脑损伤风险最高的人群

- 男性遭受创伤性脑损伤的风险是女性的1.5倍。
- 军事任务增加了遭受创伤性脑损伤的风险。

“脑震荡”与“轻度创伤性脑损伤”是同一概念。中度或重度创伤性脑损伤可导致大脑出现短期或长期的功能障碍。大多数创伤性脑损伤是轻度的，且这些轻度脑损伤通常可以在1至3个月内完全恢复。军队中导致创伤性脑损伤的主要因素如前所述。

问题的程度

创伤性脑损伤是全球反恐战争中的“典型战场伤害”。据报道，在所有与战争有关的伤亡中，创伤性脑损伤就占了一半。不过，由于在创伤治疗、手术和快速后送方面有了显著的发展，几年前还会带来性命之忧的外伤如今已不像原来那样对军人的生命造成巨大的威胁。现在给成千上万甚至更多军人造成痛苦的主要是创伤后应激障碍（PTSD），而这种病症在多数情况下甚至都还没有被人所认识（如下文所述）。

现在有像类似于国家卓越无畏中心（The National Intrepid Center of Excellence, NICoE）这样的医疗机构可以帮助创伤性脑损伤患者，这个机构比邻马里兰州贝塞斯达市的新沃尔特里德国家军事医疗中心。除了有先进的技术可以很好地帮助患者康复外,这里也有越来越多的官方和非官方的支持团体和专业护理团队帮助患者渡过难关,因为对于他们来说,康复期最重要的是被照顾和被关爱的感觉。幸运的是,有很多人愿意把这些爱心和关爱带给他们。

创伤性脑损伤患者并不总是马上就会出现症状,有时虽然有症状却并不明显,这成了创伤性脑损伤治疗面临的最大困难。由于经常遭遇自制爆炸装置的袭击,创伤性脑损伤成了美军在阿富汗持久自由行动(Operation Enduring Freedom,OEF)和伊拉克自由行动(Operation Iraqi Freedom,OIF)中常常碰到的伤害。不过如今的保护装备比原来好多了,想当年那些在越南战争和其他战争中遭遇爆炸袭击的人就没这么幸运了,他们大多数都没能活下来。

越南战争中的脑损伤患者的比例为14%到18%。如今虽然战争中幸存下来的军人增多了,但脑损伤的比例同样也提高了。新情况是,即使你的身体被保护得很好,你也戴着凯夫拉尔头盔(Kevlar helmets),但大脑同样还是会在保护装备里摆来摆去。爆炸造成极大的气压差——通常是大于正常压力的一千倍——以1600英尺/秒的速度前进,气压差所形成的冲击波在穿过人脑时会产生小气泡,即使这些小气泡破裂,也会在人脑中留下类似给婴儿吃的瑞士奶酪上的孔洞那样的小孔,这就是一些专家所说的“幽灵弹片”(ghost shrapnel)现象。这些气泡要是出现在血管里,就会形成一片栓塞区域,阻止氧气到达大脑的某个区域,而那一部分脑区的细胞就会因为缺氧而死亡。冲击波还会导致某一脑区擦伤、出血,使该脑区周围的细胞死亡。大脑的损伤程度受冲击波的方向及个体自身所处方位、压力上升的速度、气压波的长度以及时间范围等因素影响。

近期有报告显示,参加了阿富汗持久自由行动(OEF)和伊拉克自由行动(OIF)的士兵中大约20%被诊断出患有创伤性脑损伤,其中有40%的人得到了医治。沃尔特里德国家军事医疗中心报道说,31%的士兵承认在2003年到2005年之间出现过不同程度的创伤性脑损伤症状。然而,还有很多遭受创伤性脑损伤的军人并未被确诊。要知道,虽然创伤性脑损伤的患者比例看起来和越战时没有太大的不同,但伤害的程度和类型却大不一样,而多次被部署在战区的军人们受冲击波伤害的风险比其他人更大。

创伤性脑损伤监测

美国国防和退伍军人脑损伤中心(The Defense and Veterans Brain Injury Center, DVBIC)通过创伤性脑损伤监测工作，提升了国防部(DOD)和退伍军人事务部(VA)的保健服务水平。如何在地方、区域和国家各级水平上进行监测取决于我们对士兵群体中TBI问题涉及范围的了解。在这一点上尤其需要提高统计信息的准确性，这对于现有医疗资源的使用、教育和临床资源的建设有着重要的指导作用，对于提高人们对创伤性脑损伤危害的认识也十分重要。

2003年起，国防和退伍军人脑损伤中心开始收集在阿富汗持久自由行动和伊拉克自由行动中遭受创伤性脑损伤的现役军人的监测资料。这些资料来自国防和退伍军人脑损伤中心设在军队治疗机构、退伍军人医院及市民康复中心的分支机构。2007年，美国国防部指定国防和退伍军人脑损伤中心负责向它汇报所有创伤性脑损伤的发病率和流行率信息。直至今日，该中心仍源源不断地按月接收来自各分支机构的新数据。

创伤性脑损伤的特征

轻微脑损伤(*MildTBI*, *mTBI*)或脑震荡的症状表现

- 头痛
- 头晕
- 过度疲劳(累坏了的感觉)
- 注意力难以集中
- 记不住事(记忆力有问题)
- 容易生气

- 平衡方面有问题
- 视力改变
- 睡眠障碍

那些当初没被发现患有轻微脑损伤的军人退伍后,他们家人最常说的就是他们“变了”。医务人员应当认识到轻微脑损伤患者具有以下典型的神经和认知症状:

- 反应时间减少
- 选择困难
- 记忆减退和健忘
- 注意力难以集中
- 记不清最近发生的事
- 有想法和问题在脑海里不断打转
- 性格有改变
- 易受刺激
- 好怒
- 悲伤
- 抑郁
- 紧张
- 睡眠模式改变

现役官兵往往对轻微脑损伤颇不在意,一是因为他们不认为这是严重的问题,二是因为他们不想向战友承认他们受了伤,三是在战时疲劳和压力下他们根本没有时间关注这些症状。虽然这些症状可能影响不大,而且其他人很难看出来,但若刻意隐瞒症状,会不利于诊断和康复,因为即使是专业医护人员也不能在初次会诊就识别出这些隐藏症状。因此,及早发现这些症状对军人和他们的家人来说很重要。我们不要觉得对创伤在意就是懦弱的表现,恰恰相反,这是力量和责任的标志。军人们务必要了解所有创伤性脑损伤的症状,若有其中之一就要立即寻求医疗帮助。这些创伤越早被发现,治疗就越有效,伤者也可以越快康复。

突发焦虑或恐慌

感到心脏咚咚地跳、脑袋轻飘飘或有类似吸入迷幻剂的不真实感（通常由于急促呼吸所致）都是创伤性应激反应的常见症状。如果你出现了这些症状，请记住：

它们并不危险，所以如果在你锻炼身体时出现了这些状况，不必担心。它们不过是那些没什么根据的想法（比如“我要死了”“我心脏病发作了”“我控制不了自己”）带来的让人烦扰的东西。

这时，你可以放慢呼吸。不要担心，这些感觉很快就会消失，你仍然可以“忙你该忙的事”。如果每次都用这些积极方式对付这些恼人的焦虑反应，那它们打扰你的时候就会越来越少。你实践的积极方式越多，焦虑或恐慌就越容易应付。

创伤重现（“闪回”）

如果出现这种情况，你要始终睁大你的眼睛，环顾四周并注意你在哪里。要跟自己说话，告诉自己现在的时间、地点，告诉自己现在很安全。创伤已经永远过去了，而你在当下，不会再回到过去。

- 起床，四处转转。喝杯水，然后洗洗手。
- 给你信任的人打电话，告诉他你现在正在经历什么。
- 提醒自己，这只是一个很常见的创伤性应激反应。
- 把这个情况告诉你的心理咨询师或医生。

梦见与创伤有关的事情

- 如果你被噩梦吓醒了，提醒自己你只是在对梦做出反应，这才是你焦虑或恐慌的原因，而不是因为你遇到了真正的危险。
- 准备起床，重新组织并定向自己的念头。
- 做一些让你愉快、平静的事（比如听听令人放松的音乐）。
- 找人说说话。
- 跟医生谈谈你的噩梦，一些药物可能有帮助。

难以入睡或易醒

- 保持有规律的作息。

• 睡前数小时不要做剧烈运动。

• 不要在床上做任何与睡觉或亲密行为无关的事。

• 拒绝酒精、烟草和咖啡因这些不利于睡眠的东西。

• 不要待在床上想问题或杞人忧天，起床做一些轻松愉快的事，安静地读一本书，喝一杯温牛奶。

易怒、生气和狂躁

• 对情绪叫“暂停”，然后冷静下来，重新思考。不要待在让你生气的情境里。

• 养成日常锻炼的习惯。要知道，锻炼不仅可以减少身体紧张，还是排解愤怒的一种积极的、建设性的方式。

• 记住：生气没有用，它只会增加你的压力，导致健康问题。

• 把你的愤怒跟你的心理咨询师和医生说说，向他们学习“如何管理愤怒”。

• 如果你向家人或朋友发了脾气，尽快和他们谈谈你的感受，让他们知道你的愤怒是对付创伤性压力反应的一种方式，并没有针对他们。

注意力难以集中

• 慢下来，把时间集中用到自己需要学习或需要做的事情上。

• 写下要做的事情，做一张计划表。

• 把任务分割成能够做到的小块。

• 计划好每一天能达成的现实目标和任务。

• 也许你会沮丧，不过不少人都跟你有同样的问题。要再次重申的是，你可以与你的心理咨询师、医生或与你亲近的人谈谈这些问题。

难以感受或表达积极情感

• 记住：这是创伤后的常见反应，并非你有意为之，你不应为一些始料未及或不能控制的事情感到愧疚。

• 确保仍然继续参加你喜欢的或曾经喜欢的活动，这些活动可以重新让你快乐起来。

• 用一些简单的方法向你爱的人表达关切，比如写一张卡片，送一份小礼物或打个电话问候他们。

•看看上面这些方法中哪些对你有帮助,然后就不断使用它们,用得越多,就越能发挥作用。把这些情况告诉你的心理咨询师和医生,多跟家人待在一起,或者跟那些在退伍军人事务部、退伍军人中心和社区中想帮助你的人多接触,你并不孤单。

治疗创伤性脑损伤的可选方案

从创伤性脑损伤中恢复

•晚上有足够的睡眠时间,在白天也要充分休息。

•逐步回归正常生活,但不要操之过急。

•在你确有好转前,应避免参加可能再次引起脑损伤的活动,比如会有身体接触的体育活动。记住使用头盔和安全带来减少你再次脑损伤的风险。

•不要饮酒,它会阻碍大脑功能恢复并可能会使损伤加重。

•要是你记不住事情,就把它们写下来。

•为避免遗失重要物品,你可以每次都把它们放在同一个地方。

•要是你很容易分心,难以集中注意力,试试看在一个安静的不受干扰的环境里一次只做一件事情。

•要是你突然发火,那就离开激怒你的环境,或者使用放松技巧帮你管理情绪。疲劳时你会更容易发火,所以务必要休息好。

•要有耐心,从脑损伤中恢复需要时间。

轻度创伤性脑损伤/脑震荡的症状通常在几小时或几天内消退,最多历经1至3个月就能改善。但是,若症状无丝毫改善,就应该寻求药物治疗。

与重度或中度创伤性脑损伤不同,轻度创伤性脑损伤/脑震荡不易确诊。鉴于早期发现的重要性,美国国防部和退伍军人事务部建立了一个系统的监控和评估程序,用来尽早发现现役官兵和退伍军人中的轻度创伤性脑损伤/脑震荡患者。

轻度创伤性脑损伤/脑震荡筛查包括对暴露于创伤性事件可能性的快速评估，这些创伤性事件可能发生在部署、撤离期间，也可能是在未执行任务期间。临床医生的工作目标在于确认是否存在与伤害或创伤性事件有关的意识改变(an alteration of consciousness，AOC)、神经功能变化或症状。

由于在战场环境下轻度创伤性脑损伤/脑震荡并不总是能被诊断出来，所以创伤性脑损伤筛查一般通过部署后健康评估系统(post-deployment health assessments，PDHA)进行，包括改编自简版创伤性脑损伤调查(the Brief Traumatic Brain Injury Survey，BTBIS)的4个问题。如果患者对这4个问题全部做出阳性反应，那么临床医生会决定是否要通过进一步面谈对患者进行更全面的评估。

了解创伤性脑损伤的康复过程

了解康复是怎么一回事将帮助你更好地参与这一过程。

• 这是一个持续的、每天前进一点的渐进过程，谁也不可能突然一下子就完全康复了。

• 一些不良反应会持续一段时间，这是正常的。痊愈不等于你把那些曾经有过的战场创伤都忘掉，或者当你回想起那些经历时完全没有一点痛苦的感觉。

• 康复意味着更少的临床症状或者更少的情绪反应，应对创伤记忆和随之而来的反应更有自信，也更能够管理好自己的情绪。

应对创伤性应激反应的无效方法

• 有人用毒品和酒精阻止自己回想那些战争经历，减少焦虑或放松，让自己能好好睡觉。这个方法看似有效，但是，酗酒和吸毒的危害恐怕比它们所谓的治疗效果更大,弊远大于利。

- 有人会离群索居,但这意味着失去社会支持和友谊。独自一人时人们会感受到更多的担忧、绝望和孤独。
- 要是你不再参加那些愉快的娱乐活动,你就会更少有机会找到良好和自信的感觉。
- 用愤怒来控制别人的方法并不好,因为愤怒虽然可能会暂时帮你赶走不良情绪,但也会让那些爱你的人退避三舍。
- 也不要总是试图回避那些会勾起你创伤感受的人、事、物或念头。逃避不会让痛苦永远离开,反而会妨碍我们提高处理压力反应的能力。
- 变成工作狂,用没日没夜的工作来逃避那些痛苦的创伤记忆的方法也是没有用的。

应对创伤性应激反应的有效方法

有许多方法可以帮助你处理创伤性应激反应,帮助你对付那些难过的、痛苦的记忆或感觉。例如:

- 提醒自己:那些东西只不过是对过去的回忆,不好的事情已经永远过去了。
- 告诉自己:有一些关于创伤事件的记忆是很正常的。
- 告诉别人:你信任他们。
- 记住:虽然创伤的回忆会让你感到精疲力竭,但它们总会随时间消逝。

创伤性脑损伤的分级和病程

许多患者和临床医生以为创伤性脑损伤是按与伤害有关的症状严重程度分为轻度、中度和重度,但事实上分级的依据是伤害本身的性质。以下是一些公认的定义：

• 轻度创伤性脑损伤：失去意识或意识改变的情况不超过30分钟，创伤后的健忘症状不超过24小时，出现暂时性或非暂时性局部神经功能缺损，合并格拉斯哥昏迷量表(Glasgow Coma Score，GCS)①得分为13分至15分。

• 中度创伤性脑损伤：失去意识超过30分钟，创伤后的健忘症状持续24小时以上，GCS初始得分为9分到12分。

• 重度创伤性脑损伤：包含中度创伤性脑损伤的所有症状，且GCS得分低于9分。

轻度创伤性脑损伤

轻度创伤性脑损伤患者大概占所有脑损伤患者的80%，致病的主要原因是跌落、机动车辆事故，被物体击打或受到暴力袭击。受伤后80%到100%的轻度创伤性脑损伤患者会马上体验到损伤带来的单个或多个症状，如头痛、头晕、失眠、记忆力衰退，以及难以忍受噪音和光线刺激等。多数患者在3至6个月内就可以恢复到原有功能水平，我们要让患者清楚认识到这一点，以减少他们的焦虑感。大概有10%到15%的患者可能会发展为慢性脑震荡，出现躯体（如头痛、耳鸣、失眠等）、认知（如记忆、注意及精神集中困难）和情绪或行为（如易怒、抑郁、焦虑和行为难以控制等）三个方面的症状。同时，他们还有比常人更高的罹患抑郁、创伤后应激障碍等精神障碍的风险。

军人群体中的患者情况有点不同。对曾经参加过伊拉克战争和阿富汗战争的军人来说，导致创伤性脑损伤的主要原因是在战场上发生的爆炸、机动车事故或者爆炸合并机动车事故以及枪伤。由爆炸造成的轻度创伤性脑损伤与由其他原因引起的同一病症可能有不同的症状和病程，比如他们似乎比一般人经历的脑震荡症状时间更长，有研究显示，在受伤后的18到24个月他们仍然有相应症状。而且，患者往往不止有一种病症，创伤后应激障碍（PTSD）、轻度创

①格拉斯哥昏迷量表由Dr.Jennett于1974年于格拉斯哥提出，近年来成为全世界评估昏迷程度的主要标准，而其使用范围也不局限于头部外伤，如中风等可造成意识障碍的中枢神经系统疾病也可使用。该量表包括睁眼反应、语言反应和运动反应三个部分的评估，得分越低表明昏迷程度越严重。

伤性脑损伤、慢性疼痛、药物滥用往往合并在一起，使创伤性脑损伤的诊断和治疗变得更加复杂。因此，对于从战场上返回的那些患者来说，尤为重要的是要让他们放宽心，要让他们知道那些痛苦的症状总会过去，对症的治疗手段和健康的行为方式一定会帮助他们恢复健康。

中度和重度创伤性脑损伤

中度和重度创伤性脑损伤患者常伴有局部大脑损伤，有时还可能有深度脑损伤。值得注意的是，最初的损伤和大脑受损的严重程度不存在线性相关，患者仍然有望完全恢复，他们可能需要持续的认知与职业复健、案例管理和药物干预等帮助。

诊　断

由于会合并脑震荡后症状及其他并发症(如创伤后应激障碍)，创伤性脑损伤的诊断对医生来说是一种特别的挑战。退伍军人事务部提供的筛查工具只能作为诊断的起点，并不能确诊病情，而且现在也还没有完全可靠的诊断工具，所以要确诊创伤性脑损伤，最好的办法还是由富有经验的临床医生主持与患者的面谈。

原发伤害的踪迹可能较为隐蔽。中度和重度创伤性脑损伤患者通常——尽管并不总是——有明确的证据表明症状与外伤有关系，但轻度创伤性脑损伤患者要做到这一点相对较难。短暂的意识改变不足以判断原发伤害的来源，而且患者对受伤的细节、时间问题的不清楚也会增加解决这个问题的难度。另外，由于损伤可能发生在战斗中，在那种混乱的情况下原发伤害的踪迹极可能被掩盖……这些都使临床医生无法获得原发伤害的具体细节。因此，只要有可能，医生和患者应该努力取得与损伤有关的记录文件，这可以帮助医生尽可能详细地推测出患者受伤过程的细节。

一旦清楚了受伤过程，就要把患者的意识复苏过程和碰撞后残留症状记录下来。由于脑震荡的症状会跟一些精神疾病或神经系统疾病症状有重叠，所以整个诊断过程会有点困难，主治医生在做出诊断时最好多向相关领域的专家请教。

符合TBI筛查标准的患者往往也符合创伤后应激障碍的标准，反过来也一样。虽然患者在测量中做出的阳性反应有一些可能不是真实的，但确实有不少从阿富汗或伊拉克战场归来的军人同时患有轻度创伤性脑损伤和创伤后应激障碍，这两种病症都与他们的战场经历有关。

治　疗

退伍军人事务部建立了多发伤治疗系统来治疗那些同时伴有肌肉、神经及心理损伤的创伤性脑损伤患者，最严重的多发伤患者中的大部分已在4个多发性损伤康复中心或21个多发伤治疗点中的1个机构得到治疗，程度更轻的患者也可以在当地的退伍军人事务部或所在社区接受治疗。不管病人在哪个机构开始治疗，退伍军人事务部都会努力确保治疗的方案不会出现偏差。

随机对照试验表明，在起病阶段对患者及其家属进行相关知识普及，可以提高创伤性脑损伤患者的治疗效果，也对防止其他心理问题发展有好处。不过，由于种种原因，在实践中这个重要步骤常常被忽视，所以在症状稳定后患者和他们的家人可能需要一些相关帮助。退伍军人事务部目前的方法是鼓励医生在与患者讨论预后时，提供一些有关康复的信息，并把家庭纳入治疗方案之中。创伤后应激障碍、轻度创伤性脑损伤及其他并发症的治疗应以症状为中心，并与现有的实践指南（在美国退伍军人事务部或国防部临床实践指南处可获取）保持一致。如有数据显示，认知疗法（cognitive processing therapy，CPT）、持续暴露疗法（prolonged exposure，PE）或5-羟色胺再摄取抑制剂类抗抑郁药物等，不仅能有效治疗创伤后应激障碍患者，而且对轻度创伤性脑损伤及情感创伤也有很好的治疗效果。记忆辅助工具(memory aids)对这些患者也有帮助。此外,病情不同的患者可从职业治疗康复和专业病案管理中得到不同益处,也可以求助于像神经病学家、神经心理学家这样的专业人士。如有需要,他们还可以获得一些包括预防物质滥用在内的其他专业治疗。

鉴于治疗方案的复杂性,参与各方之间的配合和协作是治疗取得成功的关键。退伍军人事务部正在努力加强各类参与者之间的合作,尤其是在那些社区门诊和处于郊区的医疗机构中。

脑震荡或轻度创伤性脑损伤(mTBI)

爆炸产生的冲击波会对大脑组织造成轻度创伤,从而导致轻度创伤性脑损伤。头盔也不能防止此类冲击造成的破坏。在受到爆炸伤害的军人中有60%~80%可能患有轻度创伤性脑损伤。除了有部分症状与PTSD相同外,轻度创伤性脑损伤(或脑震荡)的症状还包括:

- 头痛或头晕
- 视觉障碍
- 情感问题,如急躁与冲动
- 难以集中精力,难以做决定或有逻辑的思考
- 健忘
- 对光线和噪音的耐受度低

据目前所知,创伤后应激障碍也常常会出现上述症状。不过,上面这些问题都能够得到有效治疗。轻度创伤性脑损伤症状通常在数小时或数天内缓解,在1至3个月内改善。如果症状一直没有改善,则需要考虑采用药物进行治疗。

无论在战时还是平时,创伤性脑损伤都是影响现役和退伍军人健康的不可忽视的问题。若由战争行动所导致的创伤性脑损伤发病率居高不下,不仅会直接影响军人的整体健康水平,也不可避免地会影响整个国家的战备水平。

目前的情况是,创伤性脑损伤的影响不仅已遍及每个部队,也涉及国防部和退伍军人事务部的卫生保健系统。继认识到为创伤性脑损伤患者提供健康保障和职业培训的必要性之后,军人们退伍之后的创伤性脑损伤治疗问题成了

退伍军人事务部的第二个关注焦点。创伤性脑损伤可能会伴随军人们的一生。而在他们进入老年期时,患创伤性脑损伤的风险达到最高。因为这个年龄段他们最有可能跌倒,而一旦跌倒就可能导致创伤性脑损伤,并最终造成较高程度的残疾。

与同龄人相比,现役和预备役军人罹患创伤性脑损伤的风险更大,这是包括军人的人口学特征在内的多个因素共同作用的结果。总的来说,年龄在18到24岁的人患创伤性脑损伤的风险最高。很多军队的日常操作和训练对身体的要求,有潜在的危险;军人也越来越多地被部署到可能遭遇爆炸的地区,在那里他们可能遇到简易爆炸装置、自杀式炸弹、地雷、迫击炮、火箭筒的袭击……这些和其他战争活动增大了他们遭受创伤性脑损伤的风险。

尽管我们比较关注战争导致的创伤性脑损伤,但我们同样也要注意到在卫戍区和日常训练活动中可能导致创伤性脑损伤的因素——比如骑摩托车、爬山、跳伞以及体能训练等。这些活动可以提升生活质量并被军人们喜爱,但与此同时它们也潜伏着创伤性脑损伤的风险。为提高对军队中可能导致创伤性脑损伤的那些因素的认识,加深对军中创伤性脑损伤患者治疗和康复过程的认识,以下我们将专门探讨涉及军事的创伤性脑损伤相关问题。

创伤性脑损伤发生的原因是头部受到突然的冲击和震动,常发生在某种创伤性事故中,比如爆炸或意外跌倒、跌落。通常人们会错误地将损伤后出现的症状等同于创伤性脑损伤,而实际上创伤性脑损伤指的是损伤本身,而不是随后产生的症状。

伤害会有多严重

如前所述,创伤性脑损伤基本上等同于脑震荡,分为轻度、中度和重度,这是指伤害本身的性质和严重程度,而不是指症状的严重程度。

创伤性脑损伤也可能发生在头部没有受到直接撞击的情况下,比如当人受到鞭打时,大脑也可能在头骨里摆动,和颅骨发生摩擦出血,从而在摩擦处形成瘀伤。我们在身体的其他部位有时也会看到类似的瘀伤,但这种轻伤可随时间愈合。创伤性脑损伤患者中约80%为轻度创伤性脑损伤患者,他们中的大部分可以在3个月内不做任何治疗而自行康复，有的中度或重度患者也可能随时间有显著好转。

一个人失去知觉（也就是神志不清）的持续时间是衡量受伤程度的一个方法。没有出现神志不清或持续失去意识的时间少于30分钟，为极轻或轻度的创伤性脑损伤；若这个时间超过30分钟而少于6小时，那么可能是中度的创伤性脑损伤。

创伤性脑损伤的常见症状

由创伤性脑损伤导致的症状被称为脑震荡后综合征（postconcussion syndrome，PCS）。虽然极少人会有全部症状，但即便只有其中一两个，都会给患者的工作和家庭生活带来烦恼，甚至让他们连放松都做不到。创伤性脑损伤常见的症状有：

身体方面

- 头痛
- 头晕
- 疲劳
- 睡眠障碍
- 视力问题
- 对噪声和光线觉得心烦

认知方面（心理）

- 记忆障碍
- 注意力集中障碍
- 判断力下降和不经思考行动
- 认知变慢
- 表达困难

情绪方面（感受）

- 沮丧

- 易怒
- 焦虑(害怕、担心、紧张)
- 性格改变

这些症状不会一直持续,它们都是康复过程的一部分,我们大可不必担心。即使有更严重的症状,在标准化治疗手段的帮助下也会逐渐减少发作概率。

评估

表 1.1 可用于确定创伤程度的技术及相关评估方法

创伤评估	适用对象	形式	项目数	时间(分钟)	是否符合DSM-IV标准A
战斗暴露量表(Combat Exposure Scale,CES)	成人	自评	7	5	否
生活事件评估(Evaluation of Lifetime Stressors,ELS)	成人	自评和面谈	56	60—360	是
生活事件量表(Life Stressor Checklist- Revised,LSC-R)	成人	自评	30	15—30	是
女性生活事件晤谈(National Women's Study Event History)	成人	面谈	17	15—30	仅 A-1
潜在压力事件访谈(Potential Stressful Events Interview,PSEI)	成人	面谈	62	120	是
压力生活事件筛查问卷(Stressful Life Events Screening Questionnaire,SLESQ)	成人	自评	13	10—15	否
成人创伤评估(Trauma Assessment for Adults,TAA)	成人	自评和面谈	17	10—15	仅 A-1
创伤史筛查(Trauma History Screen,THS)	成人	自评	13	2—5	是
创伤史问卷(Trauma History Questionnaire,THQ)	成人	自评	24	10—15	仅 A-1

续表

创伤评估	适用对象	形式	项目数	时间（分钟）	是否符合DSM-IV标准A
创伤事件问卷（Trauma Events Questionnaire，TEQ）	成人	自评	13	5	仅A-1
创伤生活事件问卷（Traumatic Life Events Questionnaire，TLEQ）	成人	自评	25	10—15	仅A-1
创伤历史问卷（Trauma History Questionnaire，THQ）	成人	自评	24	10—15	是
	成人	面谈	9	5—30	仅A-1

亲友们在康复中的作用

家人是支持患者康复的主要力量。根据越南战争之后的经验，我们知道急性应激障碍（ASD）和创伤后应激障碍（PTSD）会极大地破坏患者担任伴侣和父亲角色的能力和感受，所以那些从越南战场归来的一些军人会选择离家出走。医生的帮助不仅是患者本人所需要的，也是他的家庭所需要的。对军人患者及其家庭给予支持和帮助，可以让他们的家庭生活尽快地回归正轨，也可以将那些可能破坏军人家庭的问题扼杀在摇篮之中。

主治医生可以与患者的家属会面，帮助他们知道家人可以为患者做些什么，同时也要让他们为即将到来的挑战做好心理准备。家属和医生应当联合起来，共同确定治疗目标和制订治疗计划，帮助患者重新融入家庭，并为他们的康复提供持续支持。

需要注意的是，要是患者夫妻一方或双方都感觉压力过大，或者两个人分歧较多，很多事情谈不拢，主治医生也注意到了他们对治疗目标明显意见不合，那么就需要大家坐到一起来，共同制订一个能够让所有家庭成员都赞同的治疗方案。医生要特别关注那些曾发生过家暴或出轨事件的家庭，他们被TBI拆散的风险最高，需要得到更有力的支持。总之，夫妻双方可以通过共同努力建立一个讨论、谈判和解决冲突的安全环境，在这方面医生也可以提供专业帮助，减少那些对家庭和谐不利的消极情绪。医生甚至还可以支持离异夫妻进行商谈，提出需要共同解决的问题，尤其是关于抚养孩子的问题。

读者可用资源

美国疾病控制与预防中心的国家伤害预防与控制中心：www.cdcgov/ncipc/tbi/TBI.htm

美国神经疾病和中风研究所(National Institute of Neurological Disorders and Stroke, NINDS)创伤性脑损伤信息主页：www.ninds.nih.gov/disorders/tbi/tbi.htm

创伤性脑损伤国家资源中心：www.nrc.pmr.vcu.edu

Brainline[国防和退伍军人脑损伤中心(DVBIC)赞助]: www.brainline.org

美国脑损伤协会：www.biausa.org

第二章
压　力

因为认识到军旅生活和军事部署会给军人家庭带来的压力，有不少机构和团体都致力于帮助军人们提升家庭关系亲密度、避免走上离异之路。还有包括从军属支持团体到军人夫妇周末假期计划在内的全面拓展计划，也可以帮助军人家庭共同度过那些伴随戎马倥偬而来的艰难岁月。

军属有什么样的压力

服役过程有多个阶段，涉及各种各样的矛盾冲突。甚至在一个任务执行过程中就会涉及多个阶段，而且这些阶段还有重合，而每种矛盾冲突都可能会导致不同形式的压力，它们的表现形式也各不相同。所以，准确确定返回部队的暴露时间，了解他们到底遭遇了什么，对于应对压力问题很有价值。

部署前阶段

在部署前阶段官兵们要面对很多不确定性和担忧。部署命令时常变化,有时甚至连要求返回部队的最后截止时间和地点都变来变去。离家前,官兵们会担心家人的安全,所以他们会努力确保家里的财务保障、医疗保健、对孩子和宠物的照顾在他们离开的时候也能井井有条,一切如常。由于受到之前发生的恐怖活动的影响,他们在部署期间还会额外关注在美国本土发生的恐怖活动。单亲家庭、预备役部队和那些以前没有参加过部署的官兵们,在这个阶段可能会感到更大的压力。在这个阶段,我们也常常难以将合理的焦虑与过度反应、精神疾病的加重、复发区分开来。

部署阶段

部署会带来很大的压力反应,因为自古以来战争就是令人高度紧张、恐惧、害怕、焦虑不安的原因。作战计划常常改变、摸不清敌情、设备发生故障、后勤补给的不稳定,都会导致压力产生。同时,战士们不得不成天面对可能会导致死亡或受伤的威胁,还常常亲眼看见他们的同伴、敌人和平民的死亡和受伤。

不仅身体高度紧张,情感的高亢状态和巨大、密集的外部刺激都可能致使唤起水平升高,人们会试图控制自己不去不停地回想经历过的那些事件,避开随之而来的消极情绪。此外,那些人们不曾经历过的新奇状况还可能导致精神分裂症状,当然症状的严重程度和持续时间存在个体差异。需要注意的是,战斗阶段非常容易诱发急性应激障碍和创伤后应激障碍。

冲突的类型

低强度战斗是冲突调停和维和任务中比较典型的样式,这种情况下死亡或受伤的威胁虽然不是迫在眼前,但对它的恐惧依然长期潜伏着,一旦遭遇高强度战斗时就会显露出来。在部署过程中,大多数人都会长期面对这些问题:与家人分离,极热、寒冷和艰苦的环境,超长的、少有休息的任务时间,与外界沟通很少、感到烦闷不堪……这些都可能引发适应障碍、情绪障碍和焦虑症,加重人格障碍,在某些诱发因素刺激下,一些人还可能出现精神疾病。还有随着获得某些物质的可能性加大,不仅可能引发药物依赖和物质滥用症状,而且原有症状也可能复发或加重(Jones,1995a)。

汽车炸弹、遥控引爆炸药和轻型武器袭击等恐怖活动和游击战惯用战术,会使官兵们长期处于压力和焦虑状态之中,这种状态会使他们质疑行动目的,对战争的意义和牺牲的必要性进行消极归因。要是再加上其他问题,比如不少曾参战的老兵对于在之前战争中的牺牲和损失没有得到肯定而耿耿于怀,部署这一阶段可能会使官兵们旧疾加重,难以康复。

在像伊拉克或阿富汗这样武器装备普遍的国家执行任务时,美军部队无法确定一个看上去像无辜平民的人是不是携带了枪支、爆炸物或遥控引爆装置等这些东西。因为这样的战场上,不存在什么铁板钉钉的交战规则,敌人经常因为政治和战术的需求而调整他们的作战手段。而对于执行任务的士兵来说,当有人或车辆冲击路障或安全检查站时,慢一步使用武力可能会使战友受伤,而过早反应则可能造成不必要的平民伤亡。这种情况会带来长期的紧张感,尤其是大家都知道这些刹那间的决定还会在事后经历回顾性分析的检查,以判定是否恰当(Jones,1995b)。

误伤战友是最悲剧的事件,尽管在现在这种高科技通信、指挥和控制的军事环境中,这种事情发生的可能性要低得多,但在参战部队之间出现通信障碍的时候它们还是会发生。迄今为止,只是在持久自由行动(发生在阿富汗)中才出现过此类重大事件。与恐怖活动和游击战一样,误伤战友的事件——无论是对误伤者还是受害者来说——都会带来对作战目标的消极态度,还会造成参战官兵质疑部队统帅的领导,认为他们在防止此类事件的发生上失败了。这样一来,不仅会给部队统一认识、凝聚士气的工作带来困难,而且还会为更大的战场损伤埋下伏笔。

临床评估中不应假定所有从伊拉克或阿富汗战场返回的士兵有着同样的

经历,因为很明显每一个人在战场上的遭遇类型和强度都不同,应仔细评估以确保对部署前和部署期间发生的事情有一个完整的理解。作为军人,患者开始时可能不愿意与一个陌生人分享他(她)先前经历的细节,所以首先我们可能需要将时间花在如何建立一个让患者信任的治疗关系上。如前所述,军人们战时的某些特定经历决定了他们对此有何种情绪反应,而跟这些经历同样重要的还包括这些经历发生的源起、过程,以及他们是如何评价这些经历的。

问题的严重程度

人们为战争付出的心理、社会和精神方面的代价可以是立即显现的,也可能需要在漫长的时间中显露,持续时间的长短反映出对战场应激源的不同适应状况,这些应激源因个体、情境和文化(以及其他特定因素)的不同而不同,这一点无论在什么时候对于我们评估参加过战争的军人的临床症状来说都很重要。

立即发作是指在战时战区内发生的心理反应和功能性损伤,或在战争中由其他应激源所造成的心理反应或功能性损伤。后者在几个世纪以来有过很多不同的标签(比如战斗疲劳),其中“战斗应激反应”是目前最常用的。不过,这个术语并不贴切,因为在像伊拉克这样的战场上,直接的战斗经历并非唯一的应激来源。而“战区应激反应”相较而言意义更广泛,也考虑到了那些除了直接面对战争带来的生命威胁之外,同样会因为战争经历而出现问题的军人们的情况。所以通常情况下,我们也想跟临床医生强调说被炮火威胁不过是战区中的众多应激源之一。

军人们在战区承载的身体和情感上的负担是他们从不曾经历的。虽然通过身体锻炼、实操,以及建立团队凝聚力和战友支持的各种方法的训练做好了充分准备,但是战场上的经历还是不可避免地会以我们意想不到的方式影响个人和集体的士气。此外,我们也不要低估了那些与战区活动相应的生理反应,尤其是会影响行为和情绪的去甲肾上腺素、肾上腺素和皮质醇(应激激素)在体内的循环,因为它们会让机体的警醒反应(比如神经过敏、高度警惕、睡眠障碍、抑制食欲等)一直持续下去。适当的警觉会有利于战斗力的发挥,而且机警、高度戒备和缩小注意力范围等显然有助于增加在战场上生存的机会。所以,我们要对官兵们进行培训,教他们区别正常的"战斗疲劳"和可能会导致失去作战能力的严重"战区应激反应"。话又说回来,战场上这两者之间的界限往往模糊不清。

军官经常使用"战后报告"的方式让战士们发泄和分享他们的情绪反应,他们认为这个方法有利于提高士气和凝聚力,减少"战斗疲劳"。

若官兵们表现出明确的战区应激反应症状,已影响到他们执行任务和工作表现时,为了让他们尽快恢复作业能力,应尽可能地在他们所属单位附近为其提供休息、补给营养和分享经验的机会,这就是"就近—即时—期望—简单"的指导原则(Proximity-Immediacy-Expectancy-Simplicity,简称"PIES")。要尽可能在离他们所在单位最近的地方进行早期干预,而且要告诉他们这些感受是正常的,他们完全可以在短时间内就回到工作岗位上。我们也可以采用一些简单的方法帮助他们抵消"疲劳"的影响(比如"三顿热饭和一张好床"),重点是这些出现严重战区应激反应的官兵们需要受到特别的照顾。不过,从另一方面来看,把自己的恐惧和担忧讲出来,把自己能力下降的一面展现出来,似乎不是什么好事情,在当代更是如此,因为不管你是志愿兵还是义务兵,都期望自己的职业生涯能够越来越好。所以,我们在退伍军人事务部医疗中心常常看到一些患者一直保持沉默,不愿意显露出自己身上软弱的部分。

由严重的战区应激反应造成的失能一般表现为坐立不安、精神动力不足、自闭、交感神经系统活动增加、口吃、思维混乱、恶心和呕吐,以及严重的猜疑和不信任。然而,因为这些表现有不同形式,而且是由战场应激源造成的结果,所以军人们倾向于将战斗疲劳看成功能上的问题。而指挥官判断某位战士是否有战区应激反应的明确依据是看他/她是不是还能继续像个战士那样战斗,他/她的行为是不是可能将他们自己和战友置于险境,而若是存在这些情况,那么这位战士应当撤出战场。最后，需要提请临床医生注意的是，大多数战士都是20岁左右的年轻人，这个年龄段是有家族精神病史（或其他体质上问题）的敏感人群最有可能被诱发精神疾病的危险时期，而在经历伊拉克战争的老兵中，只有一小部分可能有类似情况。

由于患者可能会被滞留在战场一段时间，而这段时间里导致应激反应的各种风险和危险因素还会一直存在，所以我们可以将患者客观上已脱离应激源，得到安全保证的时间点作为起点，一直到他返回美国后最多不超过一个月的这段时间视为观察期，这也对应了美国精神障碍诊断和统计手册（DSM-IV）对急性应激障碍（ASD）进行诊断所要求的1个月间隔期。有了确定的观察期，临床医生就能够知道当远离战场，有机会恢复和休息时患者在心理上会如何变化。否则，本来急性应激障碍是被用来判断短期症状和暂时性损伤的，却因为患者一直待在战区，受到持续不断的战场压力应激的搅扰，这一分类反而被病理化、被抹黑，失去了原有的意义。这方面比较典型的情况是，在急性发作阶段，在敌对行动停止以后，患者仍被留在他们的卫戍部队（美国或海外），或还在安全或基础设施中服役。

急性应激障碍的症状包括3项以上分离症状（标准B）、1项以上再次经历症状（标准C）、回避症状（标准D）、明显的焦虑或警觉增高症状（标准E）和显著的痛苦或损害（标准F）。急性应激障碍诊断要求患者至少经历了以下症状中的3个：(a)麻木、脱离，具有无情感反应的主观感觉；(b)对周围环境的认识能力降低；(c)现实感丧失；(d)人格解体；(e)分离性遗忘。上述症状须持续至少两天，最多4周（标准G）。超出4周的应考虑创伤后应激障碍（PTSD）的可能性（见下文）。

研究表明，对急性应激障碍诊断标准中的3项解离症状的判断几乎没有什么实证依据，因此，该领域的专家呼吁统一急性应激障碍和PTSD的诊断标准，因为在症状并没有改变的情况下，一些患者不能满足急性应激障碍的诊断标准却完全满足PTSD的标准。不幸的是，我们关于战区应激的纵向研究还相当不充分。不过，对其他创伤应激（例如，性攻击、机动车事故）的研究却相当丰富。

这些研究表明，在创伤后会出现大范围的急性应激障碍症状是正常反应，而其中的大部分症状在接下来的几个月会得以缓解。由此可以假设，虽然在战区急性应激是遭受严重创伤后的常见反应，但多数症状会在随后几个月中自然平复并在功能上恢复至正常水平。因此，我们不要对开始时的不适或急性应激障碍本身反应过度，动不动就贴上个病症的标签。

退伍军人事务部医疗中心的临床医师都知道，人们对战争的适应需要一个漫长的调整时期，而它的影响可能贯穿人的一生。不过，这个心理上的适应过程并不随着时间呈线性发展，比如在遭受损伤的当下阶段，大多数患者虽然并不会马上就感到自己变得虚弱不堪，但他们仍有可能受战争经历的影响出现精神问题。急性应激障碍虽然可以很好地预测 PTSD，但却不是持久损伤的先决条件——PTSD 的延迟性已有足够证据支持，而且，多数 PTSD 的患者之前并不满足急性应激障碍的诊断标准。当然我们也要知道战场经历带来的心理和精神方面的问题在一生中会时轻时重（比如生活经历有时会唤起战场的记忆）。PTSD 也只是战后老兵们需要面对的诸多心理问题之一，他们中的一些人还要面对抑郁症、物质滥用、攻击性行为以及由战争压力带来的种种严重精神疾病。

压力和婚姻

陆军的官方报告显示，2004 年现役军人中有 10477 人离婚，这一数字在过去 5 年不断攀升：2003 年这个数字是 7500，2002 年刚刚超过 7000，而 2001 年则只有大约 5600。而在过去的两年，军官们一改往年的趋势，成了所有军人中离婚最多的：2003 年 56000 位已婚军官中有 1900 人离婚，而到了第二年这个数字猛增到 3300 多人，增加了差不多 1500 人。军队牧师办公室项目官员陆军上校布卢姆斯崔恩（Glen Bloomstrom）认为这些统计数字与美国社会离婚的普遍趋势是一致的。他接着指出，在全国范围内初婚的离婚率有 40% 至 50%，而再婚离婚率则更高，达 60% 至 70%。官方报告称，某些特殊职位的离婚率甚至还要高，特别是那些有受伤危险的工作，以及背负着众多公共责任的工作，比如警察的离婚率历年平均就在 66% 和 75% 之间。

尽管在全国离婚率的发展趋势已相当惊人，但是布卢姆斯崔恩指出实际数字远不止以上这些统计数据。“婚姻结束对于一些人来说，也是一个梦想的结束，”布卢姆斯崔恩说。他认为这不只是个人的问题，离婚带来的问题还会影响军人们在军事职业上的表现，因为有着幸福婚姻的军人往往更能够专注于自己的工作，并很少发生纪律方面的问题，而更有可能继续留在军队工作。

为了改善当前离婚率居高不下的状况，相关部门改进了现有项目，并通过家庭支持、牧师和心理健康咨询网络等提供新的服务计划。比如陆军提供的有：

- 新的部署周期支持项目，其中包括帮助军人了解他们离家和返回时可能给家庭关系带来的影响，以及指导他们如何应对这些不可避免的变化的简报；
- 为部署士兵的配偶提供情感支持和实际帮助的家庭支持团体；
- 为期两天的“强健家庭”计划，旨在帮助夫妻培养更好的沟通技巧，利用周末休假重新巩固家庭关系；
- 着眼于帮助国民警卫队与预备役夫妇解决具体问题的“坚强纽带”婚姻教育项目，以及可帮助单身战士明智地寻找终身伴侣的“找一个伴儿”计划。

当然，在帮助军人维系婚姻并改善其婚姻关系这方面，并不是只有陆军做出了努力。海军陆战队有一个为期两天的“预防和关系改善”项目，指导夫妻如何管理家庭冲突，解决问题，进行有效的沟通和维护，增强他们彼此承诺的关系。项目参与者首先要做一个由已退休的海军牧师开发的婚姻测试，来帮助他们评估夫妻关系，发现那些可能会变严重的问题。据参与该项目的海军牧师说，在测试中发现的问题排在前4名的分别是：沟通、子女教育、财务和亲密性行为。整个项目的重点是解决这位牧师所说的“所有问题的根本”——可能会影响婚姻的沟通问题。“要是你不能学会如何沟通，那么其他问题都没法解决，”牧师如是说。

海军还有一个类似的项目——“婚姻巩固休假”计划，据海军公共事务总监雷切尔洛根指挥官所说，这个计划帮助海军夫妇利用周末休假的机会强化婚姻纽带。在周末两天的聚会中，参与者首先会得到他们的性格报告，然后参加以夫妻沟通、个性与家庭动力以及其他与军人职业有关的各种问题为主题的会议。

尽管空军没有婚姻支持方面的类似服务项目，但他们以个体为单位，提供了一个涉及范围广泛、多样化的方案来支持军人家庭顺利度过分离和部署期，缓解家庭压力。

布卢姆斯崔恩对以上这些正惠及已婚人员的计划和项目感到乐观。他说:“我们的目标是帮助夫妻在家庭危机升级之前就将它们辨别出来、及时处理。同时,我们也帮助他们对婚姻有更高的满意度,为他们的婚姻注入‘快乐和情谊’的健康能量,建立他们自己的‘情感账户’。这就像是一种投资,在平时你要加倍投入,存入足够的情感资产,这样当你需要离家参战时,你可以用这些资产来避免自己不在家时可能出现的情感危机。”

压力的表现

应对压力

应激反应的体征包括:

- 心跳加快
- 头痛
- 胃痛
- 肌肉紧张

压力带来的情绪既有积极的,也有消极的,包括:

- 兴奋,沮丧,焦虑
- 欢欣,紧张,愤怒
- 喜悦,气馁

压力管理

压力管理包括放松和紧张。放松实际上是正常应激反应的一部分,因为当面对生活的挑战时,人们不只是会紧张起来迅速有力地做出反应,还会为了清晰地思考和有控制地行动而让自己平静下来。

管理压力的方法包括:

- 身体和精神放松
- 正向思考
- 解决问题
- 控制愤怒
- 管理时间
- 锻炼身体
- 可靠的自信
- 人际交往

我们可以从管理压力得到的身体方面的益处包括:

- 更好的睡眠,能量,足够的体力和灵活性。
- 紧张感降低,疼痛减轻,血压降低,心脏问题和传染性疾病发生的概率降低。

可以得到的情感方面的益处包括:

- 感到生命质量提升,幸福感增加
- 焦虑、抑郁和烦躁感都会减少

快速减压技术

当你感到有压力时,你的呼吸会变得快而浅,肌肉会紧张起来。以下这些方法可以帮助你:

- 放慢呼吸,采取深且缓慢的腹式呼吸法。
- 放松肌肉(比如你可以采用全身肌肉交替绷紧和放松的方法)。

心理重新定义

每个人脑海中都会时不时蹦出一些自己的想法,这就是所谓的自我对话。这些思想反映了你看待世界、他人和自己的信念和态度,它们可能会增加你的压力。所以,你要中断一些自动思维,让一些不合理的想法可以被你检验,因此,你可以尝试以下做法:

自我觉知:检查并监督你的想法和自我对话。

认识到情绪感受和行为来自你的想法,你对压力的反应与压力情境之间没有直接联系,因为不是某个事件或某种情境本身导致了应激反应,而是你对这

些事件或情境的解释让你做出了不同的反应。这就是导致情绪和行为压力反应的“ABC”理论:

A.(Activating event,诱发事件)指你经历的诱发性事件;

B.(Beliefs,信念)指你对该事件的解释;

C.(Consequences,后果)指因你的解释所带来的你感受到的压力大小。

所以:

A(激活事件)+ B(信念)= C(后果)

检查你的想法,看看是不是有下面这些会产生压力的思维模式:

- 全或无:仅凭某单个因素就判断事物要么全好要么全坏。
- 夸张:夸大事件或情境的消极后果。
- 以偏概全:仅凭某个单一事件就觉得你的整个人生都没了指望。
- 自以为是:在没有任何证据的情况下,以为你知道别人对你的想法(通常是坏的想法)。

通过寻找支持你感受的那些证据的做法,挑战你脑袋里的负面想法。同时,你还要常常检查自我对话里那些负面的东西,用更积极有益和真实的东西去替换它们。比如休假回家的路上,刚好碰上公路维护,车堵在了半路上,半天挪不了一步。遇到这种情况时,如果你会有这样的负面想法:“天啊,看样子我永远都回不了家了……为什么这样的事总发生在我身上?为什么我总是这么倒霉?”那么你就要把它们改为积极有益的想法,比如:“我很高兴他们正在修这条路,这样以后我回家时就会更方便了……这会儿我正好可以放松放松,听一些我喜欢的音乐。”

采取行动、解决问题,控制压力源

通过问题解决步骤,我们可以采取行动来解决一些压力源(比如习惯、行为、环境、关系)。

- 第1步:想清楚是什么问题。
- 第2步:设定一个解决问题的目标(比如你希望看到什么结果)。
- 第3步:头脑风暴,找出各种可能的解决方案。

- 第4步：对各种可能的解决方案进行评估。
- 第5步：权衡利弊后，选择最佳解决方案。
- 第6步：制订实施计划并进行尝试。
- 第7步：思考如何顺利实施这一计划。
- 第8步：如果这个解决方案不成功，再尝试别的方案。

如果你不能改变压力源

你可以尝试用下面这些活动来分散自己的注意力，同时让自己平复下来：

- 听音乐。
- 与朋友在一起。
- 读一本好书或看一部电影。
- 参加体育锻炼。
- 祈祷。
- 修习瑜伽。
- 用幽默来笑着面对(比如看笑话或喜剧电影)。
- 冥想。
- 小睡一会儿。
- 写点什么，比如记个流水账或写写日记。
- 洗个热水澡。
- 帮助有需要的人。
- 动点脑筋，用一些不一样的方式把自己的压力发泄出来。
- 给自己来个“心灵休假”。

应对将来可能发生的压力事件的方法

创建你自己的“压力急救包”，这个急救包里你可以列出你应对压力的有效方法，比如深呼吸、放松肌肉以及其他可以使自己平静的活动。

- 在脑海里设想一下你将来可能会遇到的压力情境。
- 判断一下你在这样的情境中能做点什么。
- 看看你可以通过什么样的问题解决步骤来减少压力。

- 计划通过各种有效的活动来减轻压力反应。
- 记得找朋友和家人来支持你。

治疗方案

认知行为干预(cognitive-behavioral interventions)

认知行为干预可以在创伤发生后持续产生作用,积极预防创伤后心理障碍的发生。与早期认知行为干预相关的随机临床试验(RCT)中有五分之四的试验结果都证实认知行为疗法能更有效地减少PTSD症状。不过布龙(Brom,1993)等的研究并不支持这一结论,在他们的研究中,脱敏、催眠疗法和心理动力学都取得了与认知行为疗法同样的效果。但是由于缺少对治疗依从性的测量资料,所以目前还不清楚在这个研究中认知行为疗法(CBT)的实施是不是跟其他研究一样采用了标准化的方式。

另有一个对比研究(并非随机方式)发现,在急性发作期实施认知行为疗法干预的控制组与对照组相比,在接下来的五个半月随访期中出现更少的PTSD症状。布赖恩特(Bryant,1998)主持了一个专门针对急性应激障碍评估和治疗的研究,结果发现,简化版的认知行为治疗不仅能够改善急性应激障碍症状,还可能防止PTSD的发展。在遭受机动车事故、工业事故或暴力攻击约10天后,布赖恩特等随机将这些急性应激障碍患者随机分配,每5人一组,一组进行认知行为治疗,另一组进行支持性咨询治疗,各耗时一个半小时。结果发现,在接受认知行为治疗的被试中,六个月以后没有人被诊断为PTSD。在1999年的研究中,布赖恩特等比较了两种不同的认知行为治疗方法(持续治疗加上焦虑管理对照仅持续治疗)与支持性心理咨询治疗的效果,结果发现,使用了认知行为治疗的两个对照组相比支持性心理咨询治疗组,患者PTSD的症状都减轻了。

心理疏泄(psychological debriefing)

心理疏泄是一种早期干预方法,最初由救援人员开发出来,现在越来越广泛地应用在潜在创伤性事件的早期干预中。不过,这个方法的有效性受到颇多质疑,在采用随机临床实验的研究中没有证据支持这一疗法的有效性。疏泄模式的创始人米切尔(Mitchell,2000)和埃弗利(Everly,2000)认为大部分随机临床实验的研究都是长期项目,而且在更复杂的危机事件压力管理模式下进行,这些研究只考虑了疏泄这一因素,并没有考虑到时间和其他可能影响治疗效果的因素,因此结论并不可靠。当然,有可能采用包括心理疏泄在内的多种干预方法会有更好的效果,但目前还没有相关的随机临床实验研究可以证明这一点。

家人和朋友如何在治疗过程中提供帮助

部署肯定会带来生活的改变,如果知道会发生什么改变,以及如何应对这些变化,那么你就会更加轻松愉快,没有那么大的压力。下面一些小贴士也许会帮到你:

对军人的提示

- 你可能有时会想念在部队的日子。
- 你不在家时,家里会有一些变化。
- 面对面的交流在开始时可能会有点困难。
- 一开始你和另一半可能都会觉得在性方面的亲密有点尴尬。
- 孩子们已经长大了,所以他们也许在很多方面都跟原来不一样了。
- 你在家务活里承担的角色可能已经变了。
- 你的另一半可能变得更加独立,他们还学会了新的东西,有了新的朋友。
- 你对人生的期望和要求都发生了变化。
- 你想要说说你的所见所闻,但家里人可能不想听;或者你不想说,但他们却不停地问。

对配偶的提醒

关于你的另一半,你要知道的是:

- 原来的那个他/她也许已经变了。

• 他们习惯了军营中的开放空间,所以现在可能会觉得家里有点挤。

• 他们会被家庭生活的噪声和杂乱搞得精疲力竭。

• 他们在睡眠和饮食方面有不同的时间表。

• 不知道他们是否仍然适合家庭生活。

• 可能想要捡起他们在离家之前所有的那些家庭责任。

• 如果孩子没有马上认出他们,他们可能会有受伤的感觉。

孩子们可能有这些感觉和表现

• 1岁以下的婴儿也许对你并不熟悉,所以你抱起他们时,他们会在你怀里哭个不停。

• 幼儿(1至3岁)会在一开始躲得远远的,然后才慢慢靠近你。

• 学龄前(3至5岁)儿童会在跟你分开时感到害怕。

• 学龄期(6到10岁)的孩子会想要你有更多时间陪伴他们。

• 青春期(13到18岁)的孩子会喜怒无常,表现出一副什么都不在乎的样子。

• 任何年龄阶段的孩子都会因为没有达到你要求的标准而感到内疚。

• 有些孩子可能会害怕你回家,还有些孩子可能会因为不能再对你的另一半保持绝对的忠诚而左右为难。

可以利用的资源

• 国防卫生保健计划预备役网站:www.dmdc.osd.mil/appj/esgr/privacyAction.do

• 预备役选拔联络信息网站:www.tricare.mil/reserve/reserveselect/index.cfm

• 国防卫生保健计划:www.tricare.osd.mil

• 国防卫生保健计划的生活部分:www.tricare.mil/tfl

• 国防部卫生保健计划健康顾问/受益人咨询和协助:www.tricare.mil/

bcacdcao

PTSD可用资源

- 国防部心理健康自评系统:www.pdhealth.mil/mhsa.asp
- 创伤后应激障碍研究中心:www.ncptsd.va.gov/index.html
- 军事部署指南:www.ameriforce.net/deployment
- 爱的照顾:www.usuhs.mil/psy/courage.html
- 归国预备役人员资源:www.usuhs.mil/psy/GuardReserveReserveReentry-Workplace.pdf
- 持久健康关怀系统(CHCBP):www.humanamilitary.com/chcbp/main.htm
- 持久健康关怀系统注册程序:www.humana-military.com/chcbp/pdf/dd2837.pdf
- 退伍军人网站:www.va.gov/
- 退伍军人健康照顾资源:www.1010ez.med.va.gov/sec/vha/1010ez/
- 退伍军人参保资格:www.va.gov/healtheligibility/
- 国防卫生保健医疗项目:www.tricaredentalprogram.com/
- 国防卫生保健退伍人员医疗项目:www.trdp.org/

第三章
创伤后应激障碍

创伤后应激障碍（Post traumatic Stress Disorder，以下简称PTSD）发生在创伤事件之后，目前虽然我们还搞不清楚为什么PTSD会发生在某些人身上而在其他人身上不会发生，但PTSD是能够治疗的。

PTSD症状

- 易受惊吓
- 老觉得有不好的事情要发生
- 做有关创伤性事件的噩梦，夜汗
- 与曾经亲近的人不再亲密，对之前喜欢的活动也没有兴趣
- 情感麻木
- 比以前多了些侵略性，甚至还有暴力倾向

- 创伤事件常常不由自主地在脑海里浮现
- 强烈的内疚感和自责(比如会想“为什么我在灾难中独活于世而其他人却不在了?”)
- 感到绝望
- 出现成瘾行为
- 想自杀
- 很难信任别人
- 感到焦虑
- 睡眠有问题
- 声音、气味、感觉和噪音常常会诱发对创伤事件的痛苦回忆
- 有意回避与事件发生有关的特定日期(比如飞机失事后的周年日,亲人过世的忌日等)
- 躲开会引发记忆的社会情境或特定地点(比如失恋后避免看爱情电影,不去曾经的约会地)

创伤体验重新出现

对创伤事件的痛苦记忆随时可能出现,你可能会多次重新经历创伤时的恐惧和痛苦,声音、影像或气味都可能让你重新回到经历创伤事件的那个时刻。

回避和麻木

PTSD患者常常会回避那些会诱发他们创伤记忆的事情,关闭自己的情感大门,好让自己远离那些痛苦、恐惧的感觉。

过度警觉或警觉度升高

PTSD患者会一直保持高度戒备状态,一点点小事就会让他们受到惊吓。

你是否患上了PTSD?

这取决于多种因素,比如:

- 受到伤害的严重程度
- 躯体受到伤害
- 出现创伤反应的密集程度

- 是否有亲近的人在事故中去世或受伤
- 生活变得危险和艰难
- 感到无法掌控生活的程度
- 创伤事件发生后得到帮助和支持的程度

治疗PTSD的方法

PTSD是可以治疗的，要是你觉得自己患了PTSD，或有类似的反应和症状（如噩梦、思维奔逸），一定要告诉你的医生或牧师，因为他们可以帮助你安排需要的会诊或面谈。

以下是治疗PTSD的常见方法：

- 评估：通过全面会诊得到专业诊断。在这个过程中，你和家人都要了解PTSD的症状，知道它会如何影响你的生活。
- 一些抗抑郁药会有帮助。虽然它们并不能从根本上解决问题，但确实能够缓解一些症状。
- 认知行为疗法（CBT）能帮你重新调整认识，平衡心态，表达和处理那些由创伤性事件带来的情绪。

以下这些不同的治疗方法你也可以试试：

- 了解这个问题是如何影响你和其他人的
- 设定可以帮助你提升生活质量的目标
- 学会用新的方法来处理创伤
- 学会接受你的念头和感受，掌握处理它们的方法

你应该在确定某位治疗师之前多见几个。你要搞清楚的是：

- 每位治疗师采用的是什么样的治疗方法？
- 你对治疗有什么期待？对治疗师又有什么期待？
- 治疗师对你的期待又是什么？

2000年，美国精神病协会在第四版的《精神障碍诊断和统计手册(修订版)》(DSM-IV-TR)中重新修订了PTSD的诊断标准。这一标准包括了创伤性事件暴露史和3个症状群：侵入性回忆、回避/麻木症状以及反应过度症状。

标准A：应激源

该个体曾经暴露于同时具备以下两点的创伤性事件中：

1.经历、目睹甚至遭遇到一个或多个涉及自身/他人的实际死亡，或者受到死亡的威胁，或严重受伤，或躯体完整性受到威胁。

2.此人的反应包括强烈的恐惧、无助或害怕。注意：在儿童身上，可能表现为行为紊乱或烦躁易怒。

标准B：侵入式的记忆再现

对创伤事件以下列方式持续重新体验(至少具备一种)：

1. 反复、侵入式地对事件产生痛苦回忆，包括图像、想法或者感知。注意：在年幼儿童的回忆中，创伤事件的某些主题或内容可能会一次又一次地重复上演。

2. 反复做与事件有关的噩梦。注意：儿童的噩梦中可能没有明显可辨识的内容。

3. 患者的表现和感觉让人觉得创伤事件似乎再次重演(包括在清醒或中毒状态下再次经历创伤的感觉、错觉、幻觉以及分离性闪回片断)。注意：儿童中，可能会出现创伤特异性的重现。

4. 当象征或类似创伤事件某部分的潜在或外显线索出现时，内心产生强烈的困扰。

5. 当象征或类似创伤事件某部分的潜在或外显线索出现时会有生理反应。

标准C：回避/麻木

一直回避与创伤相关的刺激，大部分时候反应麻木(在创伤前不存在这种情况)，存在多于下列3项的情形：

1. 努力回避与创伤有关的念头、感觉或者对话。

2. 努力回避会勾起创伤回忆的活动、地点或人物。

3. 无法回忆起创伤的重要部分。

4. 对重要事情的兴趣或者参与度明显降低。

5. 有跟其他人疏远或隔离的感觉。

6. 情绪感受的范围受到限制。(如无法产生爱的感觉)

7. 对未来不看好。(如对自己可以工作、结婚生子无期望,或不认为自己能活到正常的年纪)

标准D:警觉性增高

高唤醒反应一直持续(在创伤前不存在),有下列情形2项以上的表现:

1. 难以入睡,或时睡时醒。

2. 易被激惹或突然发怒。

3. 注意力难以集中。

4. 过度警觉。

5. 过度的惊吓反应。

标准E:持续时间

上述问题(B、C及D的症状)持续时间超过1个月。

标准F:功能方面

这些问题导致了客观上的巨大痛苦,使患者的社交、职业或其他重要方面功能受到明显损害。

除上述标准外,还需要注意:

- 急性PTSD诊断标准:症状持续时间不超过3个月。
- 慢性PTSD诊断标准:症状持续时间在3个月以上。

另外:

- 判断是否延迟发作:症状在创伤事件发生6个月或更久以后才发作。

战斗暴露量表(Combat Exposure Scale,CES)

战斗暴露量表由7个自评题项组成,目标在于评估战争期间军人所经历的压力程度。题项采取5级量表评估频次(从“从来没有”[1分]到“超过50次”[50

分])和持续时间(从“从来没有”[1分]到“超过6个月”[5分]),4级量表评估频次(从“没有”[1分]到“超过12次”[4分]),以及4级量表评估损失(从“没有损失”[1分]到“损失超过50%”[4分])。受测者按照他们在战争期间遇到的不同情况自评,比如被敌军炮火围困、执行危险任务等。该量表的总分(从0分至41分)由各题项分数加权计算得出,评定结果从“轻度”到“严重”分为5类。战斗暴露量表易于使用和评分,对科学研究和临床工作均有帮助。

题项示例:

你被敌军包围过吗?(从1分“没有”到5分“超过50次”。)

生活事件量表(Life Events Checklist,LEC)

生活事件量表是用于筛查受测者生活中潜在创伤事件的一种简明量表,由17个自评题项组成。它列举了16个可能引起PTSD的日常生活事件,以及1个可能引发其他严重压力的事件,评估受测者经历这些事件的可能性。在每个题项中,受测者要回答:(1)这一事件是否发生在他们自己身上;(2)他们是否目睹了这个事件;(3)他们是否知道这个事件;(4)不确定;(5)不能作答。

生活事件量表与PTSD临床评定量表(the Clinician Administered PTSD Scale,CAPS)配合使用,并先于后者对患者进行测试。可单独使用生活事件量表来评估创伤暴露情况,尤其适用于评估那些确实发生在受测者身上的创伤事件的持续性。同时,这个量表在评估创伤事件的不同暴露水平和与创伤遭遇有关的已知精神病理学问题上有较好的收敛效度①。

但是,要注意的是,生活事件量表不能确定受试者经历事件的严重程度是否符合PTSD诊断标准中的A标准(包括事件严重程度和情绪感受2个分项)。

评分:

受试者选择“这一事件发生在他/她个人身上”得到1分,其他反应均为0分,最后各题项得分相加得到总分。

---

①convergent validity,又称为聚合效度,指运用不同测量方法测定同一特征时测量结果的相似程度,即不同测量方式应在相同特征的测定中聚合在一起的程度。——译者注

题项示例：

“自然灾害（比如洪水、飓风、龙卷风和地震）。”

创伤暴露评估与PTSD测量有何不同？

前者的目的是确认什么样的创伤性事件是受测者经历了的，而后者的目的是判断受测者是否具有相关事件引发的PTSD症状。创伤暴露评估的方法很多，有些方法会将负性生活事件和创伤性经历都纳入评估范围，另一些则只聚焦于符合上述PTSD诊断标准A的那些生活事件。同样地，一些PTSD量表会将与PTSD有关的症状都纳入评估范围，不过也有一些PTSD量表会只集中于前述17个PTSD症状，以便做出诊断。在大多数病例中，一个完整彻底的PTSD诊断不仅建立在针对症状的测量基础上，还要将范围更广泛的测量包括在内。

不同的PTSD测量方法有何不同？

现有的PTSD测量方法在很多方面都不相同，如在以下这些基本方面：(1)测量时间要求；(2)形式的复杂程度；(3)是否考虑到受测者的阅读水平；(4)使用成本。其中测量形式是较为重要的不同之处，既有自评题项，也有试图了解每个症状细节的结构性访谈（访谈评级以自评报告的效度为依据）。结构性访谈之间也有差别，比如：(1)是否有专门的把关项目？(2)评估每个PTSD症状的经验水平如何？(3)在多大程度上反映出症状的严重程度和（或）频次？虽然面谈需要进行专门的培训，花费更多时间，但却能做出更加综合全面的评估。到底采用何种手段取决于施测目的，如果我们想要快速筛选，那么自评项目是最好的选择，但如果我们要做一项与PTSD治疗方案有关的研究，就需要采用面谈的方式了，因为它可以细致评估PTSD症状的严重程度和频度。

创伤暴露评估方法最主要的不同是什么？

各种创伤暴露评估方法在长度、评估的创伤类型范围和每个创伤性事件的细节探究程度上有所区别。很多方法仅简单地评估可能引起创伤的高等级应激源，另外一些则会跟进相关事件的细节。比如，一种评估方法可能对人际暴力冲突的特定内容追根究底，而另一种评估方法则只会问当事人“有”还是“没有"经历此类暴力冲突。与别的评估方法比较起来，有的方法更为有效，有的则对是否评估应激源的情绪反应的性质、程度、持续时间方面表现出差异。

评估PTSD症状最好的方法是什么？

在选择评估工具时，以下几个重要因素你需要考虑：(1)评估的时间要求；(2)受试者的阅读水平；(3)评估的症状与单个还是多个创伤性事件有关(或与不明创伤性经历有关)；(4)要与《美国精神障碍诊断与统计手册》(DSM)的标准保持一致；(5)该工具在评估心理状态上的优缺点；(6)使用该工具的成本。此外，你还要考虑：(7)评估工具的整体复杂度和使用的语言于受测者是否合宜。

应当选择何种方法来评估创伤史？

因为评估的效度还不知道应该怎么确定，所以要做好创伤史评估并不是件容易的事情。创伤报告的准确性有待考查，因为即使是最好的评估方法也还没有被非常彻底地研究过。话虽如此，创伤暴露评估还是有一定效度的，而且在临床使用上有益处。

要选择评估创伤或暴露史的工具，一般会在所评估的创伤性事件的特异性和量表长度问题上进行权衡。那些包含潜在创伤性事件范围最广、产生的报告最准确的评估工具，可能也会是最长的。而那些简单快捷的评估工具，可能会忽略特异性的创伤性事件。因此，在选择创伤暴露评估工具进行研究时，需要根据创伤暴露的可评估程度和操作时限进行权衡。另一种可考虑的方向是看研究者的兴趣是潜在创伤性(或高量级的)应激源相关问题，还是和应激源引发的情绪结果相关的数据。只有少数工具能够评估由应激源引起的情绪反应的性质、程度和持续时间。

如何获得创伤暴露和PTSD评估工具？

美国心理学会在心理测量工具使用的伦理原则中要求，必须具有研究生培训资历的人员才有使用心理诊断工具和解释测量结果的资格。因此，测量工具不能给没有临床硕士学位的人员使用，在读研究生必须在教授的指导和监督下使用。

在美国PTSD中心的网站上，你可以找到许多关于测量工具的其他信息，比如通过他们可获得这些工具的联系人及其地址。如果这些工具是PTSD中心研发的,你可以在网站上提交申请表来获取。

心理症状

PTSD症状群

对多数离开战场的军人来说,诊断结论并不必要,且未必对治疗有好处。在某些情况下,给他们贴上PTSD的标签也许会适得其反,而且这也绝不是他们想要的。不过,我们可以通过一些简单的测量工具来确定这些军人当前的PTSD症状以监控治疗进程。测量PTSD的简明工具多而易得,我们可以在www.ncptsd.va.gov这个网站上获取相关信息(包括获取这些工具的联系方式等)。另外,关于PTSD测量工具的信息也可以通过学术论文获得,比如布里耶尔(Briere,1997)、卡尔松(Carlson,1997)、威尔逊(Wilson)和基恩(Keane,1996)。

由于暴露在多个事件下的情况比较常见,在不能确认症状是由创伤性事件导致或者某些症状只与特定事件有关的情况下,可以使用创伤后症状清单平民版(the Posttraumatic Checklist-Civilian, PCL-C)和创伤后应激症状检查(the Screen for Posttraumatic Stress Symptoms, SPTSS)这两种测量工具。创伤后症状清单平民版比军人版(PCL-Military)更值得推荐,因为从治疗的角度来看,同时评估受测者对军事和非军事应激事件的反应都很重要。创伤后应激症状检查对阅读水平要求不高,因此适用于那些接受正规教育较少的受测者,也适用于那些不太愿意表现出痛苦的受测者,因为这个量表询问症状出现的频率多于询问症状诱发的痛苦程度。

要想得到明确的诊断结论,可以使用PTSD临床评定量表结构式访谈(详见Weathers, Keane和Davidson, 2001)。关于它的具体信息和获得方式可以在www.ncptsd.va.gov这个网站上找到。

解离。在创伤幸存者中解离症状十分常见,但它们一般不会被主动报告。创伤解离量表(the Trauma-Related Dissociation Scale, 参见Carlson与Waelde, 2000)可以用来测量此症状。

抑郁。抑郁是PTSD极常见的并发症,它可能在PTSD之后出现,与人们遭

遇的创伤性事件中某个部分(比如丧失)相联系。贝克抑郁量表简版(the Beck Depression Inventory-Short Form,BDI-S)是测量抑郁的常用工具(Beck和Steer,2000)。你可以通过退伍军人医疗中心的分布式医院计算机程序(Decentralized Hospital Computer Program,DHCP)获取它的电脑版。

创伤简况。复杂哀伤筛查(Screen for Complicated Grief)可以测量创伤性悲痛。

酒精使用。物质滥用是PTSD带来的常见问题之一,尤其是酒精滥用和酒精依赖。酒精依赖疾速识别测验(参见Goldman,Brown和Christiansen, 2000)可以测量受测者是否有酒精滥用问题(更多信息可参见本书第9章)。

愤怒。愤怒是创伤幸存者中多次出现的问题,大发雷霆是PTSD的症状之一。如果有人报告说他有此类问题,那么他需要做更详尽的评估。状态—特质愤怒表达量表(the State-Trait Anger Expression Inventory,STAX-I)可以测量愤怒及其表达方式(参见Spielberger 1988)。这个量表可以用来评估退伍军人,但需要注意的是它对最近发生的涉及创伤的愤怒的评估效果并不理想,因为它评估的愤怒特质包括创伤前和创伤后,但状态评估只针对受测时的情绪状态(这也许不能代表整个创伤发生后的状况)。

罪恶感和羞愧。罪恶感和羞愧是创伤幸存者身上常常出现的情绪,他们会为创伤发生时做过或者没能做的事感到痛苦。库巴尼(Kubany,1995)等发展了一种测量罪恶感的工具,可以为罪恶感的临床评估提供帮助。

相关历史

暴露于潜在创伤性事件

之前曾经有过的创伤经历可能会影响人们对军事环境中的创伤性应激源的反应,所以广泛评估受测者暴露于创伤应激源的情况十分重要,创伤史筛查(the Trauma History Screen,参见Carlson, 2002)可用于这一目标。部署风险和心理弹性测量(the Deployment Risk and Resilience Inventory,DRRI)中的部分项目可用来识别可能带来创伤的特定战斗或其他高强度、高威胁性经历。我们也要评估非创伤性应激源的水平和暴露于创伤应激源时的整体环境,因为它们都有可能影响人们对高强度应激源的反应。部署风险和心理弹性测量中的部分题项（如有关生活和家庭破裂、生存困难和工作环境、战场社会支持等的题项）能帮助我们更全面地了解当事人在部署期间的经历。

关于退伍女军人

女性军人的应激源暴露情况不能仅仅从战斗评估中获取，她们需要特定的军事应激测量工具，比如乌尔夫（Wolfe）和基默林（Kimerling，1997）研发的生活事件量表（Life Events Checklist，LEC）。

PTSD的治疗选择

治疗PTSD的主要方法是咨询（就是众所周知的“谈话”治疗或心理疗法）、药物、咨询和药物双管齐下。尽管治疗PTSD的可选方案比较多，但患者对其反应不一。有些疗法总体上看更有裨益，认知行为疗法（CBT）就是其中之一。通过认知行为疗法，治疗师帮助患者认识PTSD，改变那些引发压力和主要症状的与创伤和世界有关的思维和信念。表3.1列举了认知行为疗法的一些类型。

研究发现，认知行为疗法对治疗PTSD有良好的效果。但认知行为疗法的某些内容未必适合军人，而且他们也可能还有其他问题（比如并发症）需要一并处理。在退伍军人事务部PTSD研究中心的简报中，我们可以找到一些关于在创伤后的一个月内使用认知行为疗法的注意事项。

作为对该理论的补充，眼动脱敏与再加工（eye-movement desensitization and reprocessing，EMDR）是治疗PTSD的另一种方法。这种方法将谈话治疗和特定的眼动技术结合在一起，不过效果却很难说清。谈话治疗的部分似乎对治疗PTSD有效，但有不少证据表明眼动部分并未显著增强其效果。与其他咨询方式一样，眼动脱敏与再加工若与一般的心理疗法结合，也可以改变军人对创伤记忆的反应。

其他PTSD治疗选择

随着又一批军人从前线返回，国防部又将面临确认PTSD最有效治疗方法的考验。PTSD患病率以阿富汗和伊拉克战争期间军人们的自我报告为基础，这个患病数据虽不是那么可靠,但它清楚地显示出问题的严重性,尤其对那些曾经长期参加地面作战的军人来说更是如此。

表3.1 治疗PTSD的不同咨询方法比较

认知行为疗法类型	概况/成分	目标
持续暴露疗法(Prolonged Exposure Therapy)	●想象的暴露:重复和持续的创伤性经验回忆 ●现场暴露:系统面对与创伤有关的环境,这个环境中尽管患者是安全的,但他们却仍然害怕和逃避	唤起关于创伤性事件持续的情感体验,这样与它相关的记忆或环境就不会再引发: ●与创伤有关的焦虑 ●逃避或躲避行为
认知疗法(Cognitive Therapy)	●改变想法和感受之间的关系 ●识别和挑战那些不正确的或非常消极的念头 ●以更具逻辑性或更有帮助的想法加以替代	●帮助个体认识和调整与创伤有关的观念 ●帮助个体改变他/她对自我和世界的评价
认知加工治疗(Cognitive Processing Therapy)	包括认知疗法和持续暴露疗法的元素,主要是: ●识别和挑战有问题的想法和信念(如前所述) ●对于"阻滞点"(指那些来自创伤性事件的或患者难以接受的感受、信念和想法)特别关注 ●写下创伤性事件的细节并大声读出来	●帮助个体改变关于安全、信任、力量/控制、自尊和亲密的观念 ●帮助个体识别和改变"阻滞点"
应激预防训练(Stress Inoculation Training)	●提供多种能有效处理焦虑的技术,包括肌肉放松、呼吸训练和角色扮演,以及认知技术(如引导自我对话) ●也可能包括现场逐级暴露法	●减少与创伤有关的记忆、想法和感受引起的焦虑和逃避反应

对健康专家和临床医生来说,有不少治疗方案都可以有效治疗PTSD。但是,由于在为军人提供治疗服务时要考虑一些额外因素(比如是否获得治疗的渠道和可能性、安全性、患者的偏好等),所以我们要了解不同治疗方案对军人是否适用。

预防

对PTSD的有效预防远比治疗有效更重要。创伤经历本身虽不可控,但它造成的严重后果可在某种程度上避免,所以PTSD有可能预防。创伤发生后,要马上实施包括心理教育、简短咨询和预防性给药等方法在内的预防性干预措施。其中一些方法很有推广价值,不过还没有一种措施被证明能够预防PTSD。

有很多证据支持认知行为疗法对PTSD的有效干预,基于这些证据而衍生的公共健康或人口基础的干预方法是最有前景的。心理学的初次介入也是一个很好的早期干预的方式,同样有效的还包括认知行为疗法和以暴露为基础的治疗方式。这些方法或许能降低创伤发生后患PTSD的可能性,但仍需要进一步研究以验证其效果。紧急事件应急晤谈(Critical Incident Stress Debriefing,CISD)预防PTSD的作用不明显,因此退伍军人事务部和国防部现有的临床实践指南中并没有推荐这种方法。

咨询的其他形式

除了上述治疗方案,以下咨询形式对治疗PTSD也有帮助:

团体治疗

通过团体治疗,官兵们可以谈论他们的创伤或学习如何管理PTSD症状(视团体焦点而定)。在有相同创伤经历的人中使用团体方式更有效果且更受欢迎。团体治疗可以给PTSD患者创造机会,使他们更轻松地谈论自己的创伤,分享自己的故事,并与那些有相同问题和感受的人紧密联系在一起。认知行为疗法的某些类型可以使用团体方式。

家庭及伴侣治疗是包含军属在内的咨询形式,治疗师帮助每一个家庭成员顺利进行沟通交流、保持良好关系和处理困难的情绪问题。在PTSD会对人际关系带来明显消极影响的时候,使用这种治疗方式会特别有帮助。

研究表明PTSD可能是医学问题而非心理问题

芝加哥医学创新中心(Chicago Medical Innovation,CMI)是一个致力于医疗、教育、慈善和科学研究的非营利组织,这个组织试图找到能有效、持久地治疗

PTSD和潮热红(Hot Flashes,HF)的方法。芝加哥医学创新中心把这些问题都当成生物学上的症状来处理。

里波(Eugene Lipov)博士是该中心的医疗顾问,他发展了对PTSD和潮热红致病原因的神经生物学解释,这为治疗这些疾病提供了有效的方法。他的发现在梅奥诊所(Mayo Clinic)[①]、沃尔特里德陆军医疗中心及其他医疗机构中得到了验证。

芝加哥医学创新中心也为那些提升PTSD和潮热红患者生活质量的有效治疗方法提供赞助,此外,它还协助将这些方法的效用公之于众。他们的PTSD治疗方式包括星状神经节阻断注射技术(stellate ganglion block,简称SGB)。据里波博士所说,星状神经节连接着杏仁核和其他大脑皮层区域,它们在PTSD中有着很大作用,麻醉星状神经节能扭转PTSD的不良影响。

患者只需要在脖子上的神经中注入一种局部麻醉剂(用在硬膜麻醉上,常在分娩过程中使用),大概30分钟后就会感到PTSD症状减轻了。

美国食品及药物管理局已裁定这种疗法不需要经过批准,因为星状神经节阻断技术是一种常规疗法,使用的是普通麻醉剂。大部分麻醉剂只有50%的治疗依从率,而这种技术达到了100%的依从率。这种方法的有效性已经在沃尔特里德陆军医疗中心得到了验证。在使用这种方法进行治疗后,有些患者还可以做到不再服用精神类药物以控制症状。

里波博士是总部位于芝加哥的北美脊柱协会(North American Spine Society,简称NASS)的顾问,他计划培训一些医生、建立医疗中心,在全国范围内向那些遭受PTSD折磨的军人们提供星状神经节阻断注射治疗。

星状神经节阻断注射开始于1925年,人们对它的局限性和并发症都已很了解。一项德国研究中做了四万五千例这种手术,无一例出现永久性并发症。不过这种手术的效果在不同的患者身上是不一样的。有些患者只需要做一次手术就再也没有症状,有些患者手术的效果只能持续几个月,需要二次治疗,而

①梅奥诊所(Mayo Clinic,又译梅约诊所)是代表全球最高医疗水平的非营利性医疗机构之一,曾连续20年在《美国和世界新闻报道》的"最佳医院"名单上名列前茅,被誉为医学领域的"最高法院",于1864年由梅奥医生在明尼苏达州罗切斯特市创建。虽被称为"诊所",但梅奥实际上是包括门诊、医院、医学研究及医学教育机构在内的综合医学中心。——译者注

二次治疗的效果能够持续两年左右，手术后患者均可以不再服用药物。

药物治疗

选择性5-羟色胺再摄取抑制剂（SSRIs）是一类新型抗抑郁药物，它包括西酞普兰、氟西汀、氟伏沙明、舍曲林和帕罗西汀。在多数情况下（可能不是大多数），PTSD病人使用这类药物可以缓解症状，尽管其疗效证据在战争型PTSD和由其他创伤引发的PTSD的对比上尚缺乏足够的说服力。其他药物针对特定症状有作用，相关信息可参见退伍军人/国防部PTSD临床治疗指南（CPGs）（网址：www.healthquality.va.gov）。

哌唑嗪在治疗涉及创伤的噩梦上有一定效果。此外，短期使用治疗睡眠问题的药物能帮助那些创伤性事件后有睡眠问题的患者。不过要注意的是，长期使用镇静剂和催眠药物（如苯二氮䓬类）对治疗PTSD不但无益，而且还可能会影响心理治疗的效果。

补充替代医学

在多数医学和心理问题（包括PTSD）治疗中都使用了补充替代医学方法（complementary and alternative medicine，简称CAM）。虽有部分研究支持其有效性，但这方面的研究尚不充分，比如针灸和中药对治疗PTSD的效果被一些研究证明有效，但还需要大范围的重复实验检验；瑜伽休息术是一种来自瑜伽的放松调整方法，它被用作PTSD的辅助治疗方法，目前人们正通过实验检验它对PTSD的治疗效果。

草本和膳食补充剂也可用于PTSD治疗，尽管针对它们疗效的小范围随机临床实验还没有得出确定结论。而且，美国各地的草本和膳食补充剂的质量、纯度都不相同，这使它们的疗效问题变得更复杂。

目前退伍军人事务部和国防部正在修订PTSD临床治疗指南，新版的指南会用更综合、全面的观点来看待包括补充替代医学在内的所有治疗方案的疗效证据。

相关指导和资源

PTSD 101是一个在线教育资源，专为那些给军人及其家庭提供战斗应激或其他创伤应激康复服务的从业者创建，你可在退伍军人事务部PTSD研究中心的页面上找到它。

其他资源

创伤应激研究中心

PTSD 101

创伤性哀痛：伊拉克战争退伍军人的症状群和治疗方案

伊拉克战争退伍军人中的PTSD患者：基本护理指导

医疗原因后送人员治疗

创伤性脑部损伤与PTSD

首次心理救助：室外操作指南——SAMHSA

PTSD治疗应变准备（视频）

RESPECT——军事初级护理医师手册

NACBT——认知-行为疗法

部署健康临床中心——药物治疗

创伤应激研究国际协会——治疗指南

评估、处理战斗相关PTSD中的愤怒

塔夫脱（Casey T. Taft）博士和奈尔斯（Barbara L. Niles）博士

遭受PTSD症状折磨的伊拉克战争退伍军人似乎难以管好他们的愤怒情绪，多个研究一致显示，退伍军人中的PTSD患者比其他人更容易愤怒，敌对情绪和攻击性也更高，而且暴力行为（包括亲密关系中的暴力和虐待行为）也更多（如Jordan等 1992）。“动不动就大发雷霆”是PTSD诊断标准之一，它也会影响个体生活的方方面面。

不能控制愤怒不仅会损害退伍军人和家人之间的关系，也会影响他们的社会和职业功能。人际关系不良会给退伍军人的社会支持网络造成很大的消极影响，不仅会使他们的PTSD症状加重，也可能导致心血管疾病，使与愤怒、敌意及PTSD相关的健康问题恶化。

只有少数理论和研究解释了PTSD在愤怒中扮演的角色，其中有一个理论认为，愤怒的突然爆发是由于PTSD患者不合时宜地启动了与“生存者模式”有关的认知加工进程（Chemtob等 1997），随之引起了高度唤起、敌意、自我控制或抑制能力丧失等针对感受到的严重威胁产生的行为反应。“生存者模式”对战争环境有很好的适应性，但在应对平民生活时却是典型的“适应不良”，它使退伍官兵不能客观对待日常生活中的威胁，使他们往往对这些威胁反应过度。因此，对这类人群的治疗，有一个重要的目标就是让他们认识到自己对待外在威胁有认知偏见，并找到证据反驳这种偏见。对威胁高度警觉可能在伊拉克战争的参战人员中非常典型，因为战争中敌人非常狡猾，常常有各种伪装，我们的战士不能马上就把他们从人群中分辨出来，所以他们不得不成天保持高度警惕。

愤怒评估及相关概念

愤怒、敌意和好斗一般通过自评量表进行评估，目前使用最多的量表是巴斯-杜克敌意测试（BDHI，Buss 和 Durkee 1957）和状态—特质愤怒量表I（STAX-I, Spielberger 1988）。

巴斯-杜克敌意测试是使用最广泛的测量敌意的量表，由75项“是、否”问题组成，分为8个分量表：攻击、间接敌意、语言敌意、易怒、悲观主义、怨恨、怀疑和罪恶感。对它的批评主要集中在方法上（比如低预测效度、低信度），在1992年Buss和Perry对它进行了修订。新修订的量表名为攻击性问卷（the Aggression Questionnaire），由29个题项组成，按李克特5级量表编制。这个量表的好处是它不仅测量愤怒，也同时测量敌意和攻击性这些与愤怒相关的成分，分量表包括愤怒、敌意、语言攻击和身体攻击，表现出良好的心理测量学特性。

状态—特质愤怒量表由44个题项组成，包括愤怒状态、愤怒特质以及愤怒表达这3个分量表。它比其他愤怒测量更好用，因为它区分了愤怒的状态和特质，并进一步将愤怒的经历与愤怒的表达区分开来；分量表可单独评估个体是要控制愤怒（愤怒内化）还是要表达愤怒（发怒），或者个体是不是有效地控制并降低了他们的愤怒感受（控制愤怒）。这些区分对从伊拉克战场返回的军人们特别重要，他们要么难以控制愤怒，要么显得咄咄逼人，要么就在这两个极端之间摇摆不定。所以，这个量表可以对个体愤怒表达风格进行细致评估，这有助于治疗方案的顺利实施。

愤怒干预的挑战

患有PTSD的退伍军人经常报告愤怒是最困扰他们的问题，而且它常常使治疗变得更加困难。有证据表明，愤怒和暴力常常是使治疗提前中止的罪魁祸首，总的来看，愤怒水平越高，PTSD的治疗效果越差。本部分将重点关注对有PTSD阳性反应及愤怒调节问题的退伍军人进行干预时，需要注意的几个重要问题。

对于很多曾在伊拉克服役的军人来说，那种想要讨论他们在愤怒管理上的困难、想要让他们对日常挫折不再反应过度的想法，似乎是在威胁他们的生命。个体的愤怒和攻击性行为可能在军事环境和战场上特别有用，也成了他们自尊的重要来源，要想改变愤怒反应会遇到相当大的抵抗。这时，你可以借助讨论个体愤怒表达模式优劣的方法，帮助患者改变行为。一般来说，退伍军人会举出一些由于无法管理愤怒而带来的严重后果，也会举一些只有靠愤怒而无法用其他方法得到的好处。所以，对愤怒的积极和消极方面都要进行讨论，这也会有效地提高他们参与治疗的动力水平。

退伍军人可能会抵制那些想要治疗他/她愤怒的尝试，因为他们会把权威人物和不信任联系起来。愤怒的退伍军人可能也会因为渴望解决他们的愤怒问题，减轻高度敌意和减少挫折感，而在治疗过程中变得没有耐性。他们很容易因为治疗效果不能立刻显现而感到沮丧、产生敌对情绪或者干脆抑制治疗。治疗师应该与他们全面地讨论治疗的每个环节，并鼓励他们在治疗期间与自己就他们关心的问题进行沟通和交流。考虑到治疗本身要克服的困难很多，治疗师和患者之间建立和保持一种积极的治疗关系显得尤其重要。治疗师也应当非常清楚他/她对治疗有着什么样的期待。治疗师也要对患者施加压力，让患者花时间学习愤怒表达方式和调整愤怒模式的技巧。

一些精神障碍问题有与PTSD共病的高度可能性，比如抑郁和物质滥用。这些问题会阻碍PTSD中愤怒问题的有效治疗。此外，患有PTSD的退伍军人更容易产生心理健康问题，也更容易出现严重的社交和职业功能的损害。这些并发问题会将退伍军人置于失控的愤怒情绪和暴力犯罪带来的附加风险之中，增加他们的压力和情绪改善的困难，同时，还会导致治疗愤怒问题的措施失效，使退伍军人调动其认知资源参与治疗（比如参与自我监控训练或练习交流技巧等）和满足治疗要求的能力大打折扣。因此，治疗师应当对可能的共病问题进行全面评估，包括它们对患者愤怒情绪和治疗依从性的影响程度。比如物质滥用的问题就需要处理，因为它会加速愤怒，去除对攻击性倾向的抑制。

愤怒管理干预

大多数PTSD治疗方案都推荐或提供了不同的处理退伍军人愤怒问题的方法，个体和团体治疗、认知行为疗法是其中最常见的。

PTSD治疗方案正在将针对愤怒的团体治疗形式手册化或标准化，这种方法的效果也被一些研究所证实（Chemtob等，1997）。以下是从12周标准化的认知-行为团体治疗中概括整理出来，专门处理患有PTSD的退伍军人愤怒的治疗要点简述。尽管这一材料来自团体治疗，但实际上其中的问题也与其他治疗形式有关系。

治疗方法概览。本退伍军人愤怒管理团体的目标是通过对愤怒诱发情境的深入觉察和建设性愤怒管理策略的应用，学会理解和更好地调整愤怒反应。此外，环境中潜伏的威胁和日常生活中的愤怒经历指向退伍军人学习应如何准备支持反应（比如短暂休息、放松、认知重构、通风和积极转移）。每个单元由团体讨论和技术练习组成，并顺应每个退伍军人团体的特别需求。为此，团体领导会调整材料范围以满足这些独特需求，并努力鼓励团体形成团结、安全和支持性的团队气氛。

最初的两次团体讨论目标在于将参与者引入治疗，讨论治疗目标和预期效果，提升愤怒管理的动力，提供关于愤怒和PTSD如何影响愤怒的心理教育。第

3至第7次团体讨论聚焦于自我监控练习，这样退伍军人可以更好地理解他们的愤怒，区分愤怒表达的不同形式，使用放松策略来管理愤怒，探索可能促进这一过程的动力因素。接下来的单元聚焦在沟通技术，帮助参与者学会自信地沟通，将愤怒管理与其他并发问题区隔开来，为其设置保护屏障。

建立治疗目标和探索动力。如前所述，对于患有PTSD的退伍军人来说，尤其重要的是设立现实的和可实现的治疗目标，以避免他们对治疗过程感到烦累而降低了效果。治疗开始和整个疗程中，都应该探索动力问题和如何设置更好的保护屏障。同时，对于很多退伍军人来说，愤怒失控和攻击性行为有一定的适应性功能，愤怒表达方式的学习和强化是他们一生要学习的课题。

因此，讨论的中心不只是愤怒失控的不良后果，也包括维持这些适应不良行为的因素，以及针对这些问题行为的更多的可替代的适应性行为。

关于愤怒和PTSD的心理教育。要帮助退伍军人更好地理解他们的愤怒失控问题并发展出更好的愤怒管理策略，理解愤怒和PTSD的结构和两者之间的关系是很重要的。一旦认识到自己的愤怒问题与PTSD直接相关，而且其他人正在经历与自己一样的困难，很多退伍军人的症状就会减轻一些。除了清晰地界定愤怒与PTSD外，团体领导者会讨论愤怒的不同成分（思维、情感、生理和行为），以及这些成分如何与PTSD相互作用并被它消极影响的。进一步应该强调治疗的目标不是完全消除愤怒，因为愤怒是一种生存反应方式，当交流处在一种建设性态度之中时，它可能是非常有用和健康的。

因此，团队领导会强调愤怒应对的目标是学会更好地管理愤怒，以及用一种自信的态度表达愤怒。

自我监控。控制愤怒的第一步是在愤怒启动时就认识到自己在愤怒之中，同时还要觉察到与愤怒有关的思维和感受及随之而来的生理上的变化。很多从伊拉克战场返回的官兵觉得，环境中最轻微的危险也会让他们马上发怒很是困扰他们，他们可能将愤怒与感受到的威胁直接联系在了一起，一旦感觉到威胁，愤怒就会立刻爆发。不过，通过自我监控的家庭作业和在团体中的练习，不少人学会了在愤怒爆发前将愤怒的信号识别出来（比如心跳加速、复仇的想法

和被欺骗的感觉)。对于退伍军人来说,关键是要尽可能早地辨认出这些信号,这样他们就可以及时采取行动避免愤怒大爆发(比如采用“中断”和放松的策略等)。自我监控练习提供给退伍军人其所感外部环境的各种威胁信息,并帮助他们在治疗环境中对这些威胁发起挑战。

自信训练。很多退伍军人学习到的对待威胁或其他可能的愤怒诱发因素的反应,不是太具侵略性(比如身体和语言攻击)就是太消极被动,他们可能会害怕他们自身的侵略冲动,也可能对控制愤怒缺乏信心,因此,他们可能会“喂饱”愤怒或完全回避冲突。毫无疑问,过度被动的行为常常导致怨恨和无能的感觉,这反而会提高产生侵略性行为的可能性。因此,在治疗中需要花时间帮助他们区分被动行为、侵略性行为与自信行为的不同,并鼓励他们在不同的情境都采用自信的方式加以对待。

压力管理。压力管理对于降低生理唤起、焦虑、抑郁和其他PTSD并发问题以及减轻愤怒问题有益。有一种方法是在呼吸聚焦放松练习后应用愤怒唤起练习,旨在帮助参与者对那些与愤怒相联系的想法保持警觉,对放松练习如何平息愤怒有所觉知。其目标在于帮助参与者建立一个认识和处理愤怒的早期预警系统,以免他们做出攻击性行为。除了放松策略的应用,在整个治疗过程中,一些其他的压力管理策略(比如自我照顾策略、认知策略)和愤怒管理的社会支持的重要性(比如生气时跟朋友和家人聊聊)也会被讨论和强调。

交往技能训练。愤怒失调常常是交往不利的结果,同样地,愤怒和PTSD也隐藏在交往之中。在愤怒的团体治疗中,我们会教授一些交往策略(比如积极倾听、“三明治技术”)和小技巧(比如使用“我感到”这样的字词,重新改写,克制羞辱别人或使用威胁性语言的冲动)以促进积极沟通,因为患有PTSD的退伍官兵常常在沟通中不自觉地采用威胁性或令人望而生畏的姿态来保持和他人之间的安全距离。

军队医疗系统中的精神病治疗

自从第一次从战场空中后送至位于德国的兰兹图医疗中心以来,很多病人被送往本土的4个医疗中心,它们分别是位于马里兰州贝塞斯达市的沃尔特里德国家军事医疗中心(WRNMMC)、乔治亚州戈登堡市的艾森豪威尔陆军医疗中心、华盛顿州塔科马市的马迪根陆军医疗中心和德克萨斯州圣安东尼奥市的布鲁克陆军医疗中心。

海陆空三军将士空中撤退的过程是一样的,那些撤回来的病人中,只需要门诊治疗的会被送到离他初次动员地最近的医疗中心。到达中心后,他们会接受伤情鉴定以确定门诊治疗是否合适。他们被安排到靠近动员地点的健康诊断中心(Deployment Health Clinical Center,DHCC)进行进一步医疗检查,然后,他们还会接受治疗并由专家评估治疗措施是否得当。需要特别护理的退伍军人会被送往医疗中心的医疗控股公司,在那里接受治疗。

那些不符合医学健康标准的退伍军人会由医疗评估委员会(MEB)来区分造成这种情况的原因是以前存在的还是人格障碍。那些符合最小限制任务要求的退伍军人,会被留在复员点等待完成他们任务的剩下部分(后备)或者回去承担家庭责任(激活部分)。

要求常规门诊治疗的退伍军人通常会在每个层次的医院待上5至7天,直到他们实现了预定治疗目标。由于受到时间的限制,治疗通常聚焦于减轻突发症状和采用支持性的治疗措施。案例管理致力于在有需要时确定合适的资源以提供明确的治疗方案。

治疗的有效性在各处会不同,若治疗形式有终点站无法提供的具体要求,那么让病人在治疗中心再待久一点可能会好些。很多时候,军中患者因为想回家而不想做一些无关紧要的治疗而拖延疗程,在这种情况下,心理教育要聚焦在症状的早期鉴别和对快速心理健康干预进行自我转介的重要性上。

需要医疗评估、集中门诊治疗或住院治疗的患者都是通过空中后送到达医疗中心,虽然他们接受治疗的程序随可用的治疗方案不同而各不相同,但通过沃尔特里德国家军事医疗中心(以下简称“沃尔特里德”)的实际操作流程我们可以看到在治疗中心水平上如何处理这些个案。

沃尔特里德提供不同水平的心理健康治疗,当后送人员到达时,他们要接受随时候命的精神病学家的筛查,以确认他们是否有需要住院治疗的急性症状。所有后送人员都可以住进医院，直到他们的情况被确认为安全为止。住院时他们会接受综合评估和开始最初的治疗。

需要医疗评估的陆军官兵会被留在沃尔特里德，分派给医疗控股公司。经过了评估的空军和海军官兵会通过半住院项目继续接受该中心的服务，直到情况稳定并对下一步部署做好准备。通过评估的海军官兵一般会指派给他们登记在案的家庭所在地附近的医疗联合机构，而空军一般返回其单位。情况比较严重和治疗态度消极的患者会被退出现役，并送入其家庭所在地附近的退伍军人住院病房。

门诊随访在各地的情况不尽相同。大多数（如果不是全部的话）地方会有某种形式的（门诊随访）治疗，而沃尔特里德提供的心理健康服务作为一种范本，大多数心理健康患者都会经历其中的某种形式。中心持续服务提供从密集型门诊（指需要最少1周1次的治疗）到半住院治疗（指每天至少需要3个小时的治疗）的不同治疗形式。其中，半住院治疗服务是住院病人转向门诊阶段的一个治疗单元，或门诊病人需要比常规门诊更多治疗方式。

具体的治疗方式包括团体、个体、药物管理、家庭和配偶治疗以及指定咨询。所有服务围绕患者的需求展开，他们可以获得与战场压力相关的日常团体和个体治疗。后续服务也会为那些被指派给医疗控股公司的患者提供持续的心理健康治疗和个案管理，以确保在医疗评估中所做的精神病监测是有效的。

有心理健康问题的陆军门诊病人，不管他们一开始就是门诊病人还是从住院病人接转而来，在他们离开沃尔特里德之前都是“持续服务”的个案管理对象。这样不仅确保了后续治疗能够进行，并且为患者提供了他们在沃尔特里德期间可以倚仗的资源。患者在沃尔特里德接受其他临床治疗的同时，也可以从“持续服务”中得到基本的心理健康服务。

“行为健康服务”是一种门诊治疗资源，它包括常规流动医疗、突发情况和与本地区军人患者所在部队的联络，提供了包括个人和团体治疗、药物治疗在内的多种治疗方式。患者来自空中后送、本地部队和其他特定医疗机构。患者会首先完成一个综合检查，得到一套综合性的治疗方案。它与住院病人服务方案和持续服务方案一样，包括重返岗位、区分管理或进行医疗评估等处置措施。精神病学家咨询和联络服务（PCLS）对在战场上受伤的和大多数非战斗伤害的住院官兵进行筛查。当被要求进行例行咨询时，非战斗伤害者也会接受精神病学家咨询和联络服务的评估。每一位自战场返回的患者都会面临由诊断性会谈和与战斗压力、急性应激障碍及创伤后应激障碍相关的心理教育组成的心理健康筛查。

官兵们如需要进一步的治疗，那么他们可转接至精神病学家咨询和联络服务中心、持续服务或行为健康服务中心。国防部可以提供的治疗类型因地点和可用资源的不同而不同。需要管理区分或医疗评估的患者会好几个月都不能回归部队继续服役，在此期间，患者可接受上述治疗服务中的任一种或多种。

复员——部署后筛查

当官兵们从部署地点返回时，不管他们是因为普通的部队换防，还是医疗后送，或者是因为行政管理方面的原因，他们都要接受一个确定是否有医疗疾病和精神疾病的综合检查。这个国防部强制部署后健康评估（编号为“DD Form 2796”）可以在复员地进行，也可以在军事医疗中心进行（针对后送病人）。评估内容包括抑郁、创伤后应激障碍和物质滥用方面的问题，如果结果呈阳性，则个体要在72小时内接受更具体的心理健康评估。

有确切心理障碍的官兵要接受治疗，同时也要接受进一步的评估以确定接下来相应的处置措施是什么。如果没有精神方面的问题，接下来对个体进行积极治疗的目的是让他们留在部队，完成服役任务。若非其他情况出现需要进行医疗评估，军人们在进行伤残评估前都会接受充分的治疗。

医疗评估委员会

如果一名现役军人因为战斗应激症状从战场后送回来，精神科医生必须判断这一症状是因为精神状态、环境问题还是人格障碍引发的。同时，他还要预判治疗预后和患者对治疗可能的反应会怎么样。一般说来，如果不是人格障碍或其他复杂的原因，对战斗应激的反应进行积极治疗是可以预见的。

如果在一个合理的时间内患者症状还没有稳定，那么需要由医疗评估委员会来确定这个病人是否可以因伤残退伍。在决定是否及何时需要医疗评估委员会介入时，负责治疗的精神科医生必须考虑到这名患者服役时间的长短、之前的病史、目前的症状、预后情况以及作为预备役成员保持在活跃任务上的时间等。首次服役、没有部署经历的下级军官或战士可能会被转介给医疗评估委员会。为了努力让更有经验的军人留在部队，他们可能会受到长达一年的监控，这一年中他们要承担一些有限制的任务。那些快要完成执行任务的预备役人员则可能会免除其任务，进行后续治疗和监控。

军人们可能会借由其他的医疗问题要求把自己转介给医疗评估委员会，此时关于这名军人精神状态的附录文件需建立与服役任务有关的条件（即其精神状态是否与服役有关——译者注），并判定这些条件是否符合医疗收治标准。要警惕这样一些人，他们想要通过夸大症状或寻求不满足医疗要求的伤残条件，来操纵伤残系统。精神病医生必须考虑到所有的动机因素和人们受到“伤残寻求文化”影响的可能性。

医学权威的局限

认识到医生在处理军人病患时的局限性很重要，军医的职责在于治疗患者，决定患者的情况是否适合战斗，以及向患者的上司建议其适宜的安置方式。只有在患者生命受威胁，需要住院治疗或不符合收治标准、是否应转介给医疗评估委员会的方面，医生具有完全的权威；而在其他方面，医生只能是建议者。他们提出的建议可能包括返回执行任务，有限制地返回、改变环境和关于患者康复或保外转移、退役方面的行政管理建议。

指挥官有完全的权力决定是否使用这些建议，并对此负全责。他们可能命令一名军人仍继续原来的任务而不管医生让其退伍的建议。指挥官选择忽略医疗建议必须将其决定与其上级商议。如果一名军人因医疗原因的限制而与任务性质或其军内职别不相适应，指挥官会要求支持医院提供“任务适应状况”。如果现役军人被发现他身上有阻碍他们任务表现的医疗限制，指挥官会要求军事职业类别医疗保留委员会（MOS Medical Retention Board，MMRB）的评估。这个委员会可以让军人重返岗位，改变其任务类别，或将其送至伤残评估系统。

军人精神病学的伦理

负责军人心理健康的人员必须在个人与军队、伦理和任务之间进行权衡，在关怀他们的病人和做出关于治疗、转介至伤残系统、退伍和限制性任务的艰难决定之间做个“诚实的中间人”。他们务必要把握好任务要求与患者最大利益之间的平衡，并努力尝试做出最有利于患者康复和让他们有最大机会留在军队的建议。此外，这些心理工作者还必须认识到，军队对服役的要求无法满足复元过程对长时程的需求，而在警惕再次获益和装病等行为上，他们对军队的利益也负有义务。

军队临床医生必须懂得战斗是生命中最显著的创伤性事件。心理健康维护者不得不同意某些易感个体参加战斗，并且清楚他们中的一些人会出现症状，而且，他们最终要对军队患者保持同理心，要为从战场归来的退伍官兵提供他们所需要的富有同情心的治疗，以及将那些不能尽快康复的现役官兵尽快转介至伤残系统。

为从伊拉克战场返回的战士进行治疗的临床医生要了解这些战士工作和接受医疗的军队系统是怎么一回事。跟之前的情况不同，这场战争的受害者可能会在非军事专业背景的工作者提供的不同环境中接受治疗。

军人构成的多元化意味着后送的军队患者可能来自不同的地区，在道德规范和文化上存在差异。军队中的女性人数也在增加。患者的军事经历可能因其参与的军事任务不同（比如现役、预备役或国民警卫队）而有所不同，他们可能暴露在不同的军事压力情境中，这些情境所带来的压力视他们执行任务的地点、遭遇冲突的性质以及其所扮演角色的不同而各不相同。文献资料已经清楚地告诉我们，包括急性应激障碍和创伤后应激障碍在内的特定精神方面的症状是个体遭遇战斗环境的常见反应。但是，临床医生也必须对可能导致官兵当前状态的其他精神和器官障碍保持清醒的认识。

军队通过部署前筛选和在前线提供心理健康服务来减少前线精神障碍的

发生。如果需要后送,现役军人可以在现有的梯级治疗系统中得到治疗。此外,军队规范也有针对适度评估军人精神病患的指导,有情绪和行为问题的现役军人可以通过医疗评估委员会评估后要求退伍,或者通过上级命令在管理上被区别对待。

以上因素都可能对后送战士的临床症状产生影响,对这些复杂因素的综合考虑能够帮助临床医生更好地评估和治疗因精神问题后送的战士。

退伍军人的治疗

鲁塞克(Josef I. Ruzek)博士、柯伦(Erika Curran)硕士、弗里德曼(Matthew J. Friedman)博士、古斯曼(Fred D. Gusman)硕士、索斯威克(Steven M. Southwick)博士、斯威尔斯(Pamela Swales)博士、瓦尔泽(Robyn D. Walser)博士、华生(Patrician J. Watson)博士与惠林(Julia Whealin)博士。

退伍军人事务部和退伍军人中心的临床医生应该认识到:在诊治患有慢性创伤后应激障碍的退伍军人过程中发展而来的经验和技术,能帮助他们更好地治疗那些从战场返回的军人。他们关于创伤谈话、传授焦虑和愤怒管理技巧、推动退伍军人团体成员之间的相互支持以及处理创伤有关的负疚感等方面的经验都非常有实用性。本章后面的内容将重点勾勒出一些临床医生面对的挑战,讨论对退伍军人的治疗与普通治疗的不同之处,并将关注那些可能与最近在战争中受伤的退伍军人治疗有关的特定方法和工具材料。

求助背景:现役与退伍军人寻求健康护理

现役和退伍军人的健康护理的不同情况会影响他们的治疗进程。首先,很多伊拉克战争的患者不会主动寻求心理健康护理。他们可能因为心理问题或其他需要医治的问题被后送至退伍军人事务部,他们很可能拒绝承认他们在情绪上有问题,而且认为他们不可能患有某种心理疾病(比如PTSD)。

其次,强调诊断作为心理健康护理的组织原则在退伍军人事务部十分常见。患者先做DSM-IV诊断,再根据诊断结论来进行护理或治疗。这一路径可能与前线的心理工作相反:前线对战斗压力反应做出精神病的诊断结论是要尽力避免的。这背后有一个强有力的假设,即这些反应大部分都会恢复正常,它们仅仅是对战争带来的创伤性压力的严重反应,而并非精神疾病或精神障碍。由于这个原因,“贴标签”这一过程可能在伊拉克战争退伍军人的早期治疗中会取得适得其反的效果。这正如Koshes所说的那样:“给一个人贴上疾病的标签会加重病人的角色,延迟士兵重返部队,或阻碍其在军队、日常生活中扮演一个有用的角色。”(Koshes, 1996,第401页)

患者可能会有一些想要使他们痛苦最小化的动机:想要早点退伍、可尽快回家、避免他们的军人生活大打折扣或者是想退休。对职业生涯可能受影响的担心并非空穴来风,实际上,一些人确实会被医疗评估为不适合返回部队继续执行任务。退伍军人可能关心创伤后应激障碍或急性应激障碍这样的诊断要是保留在他们的医疗记录中的话,可能会影响他们的升迁机会,导致不能再留在军队,或是被划入某种应该被军队解雇的类型。有些人还会担心,如果他们接受心理健康治疗的话,相关的信息会被报送给他们的指挥官。

为了避免普通的创伤性应激反应被病理化,临床医生会希望尽量避免使用像急性应激障碍或PTSD这样的标签,而仅仅专注于症状和行为的评估与记录。但若症状确切,他们也会使用急性或适应性障碍这样的诊断结论。

我们必须认识到患者关于保密问题的担忧,一步步地创建条件,让他们感到可以就包括他们与指挥官之间的矛盾、对军事行动或政策的担心或关于参战的道德犹豫等在内的种种经历畅所欲言。对临床医生来说,知道谁有权获得那些从评估中得到的信息很有必要,评估的作用及谁可以得到关于评估的信息等问题都应该与相关患者进行讨论。

现役军人可选择保留现役或返回战场。有证据表明重返岗位、与自己的战友在一起能够帮助他们改善症状。但是,不管他们自己的愿望能否被批准,对于重返战场这件事他们常常有“要”或者“不要”的强烈感觉。近年来国民警卫队和预备役的情况可能有点不一样,他们中的很多人从来就没想过要参战,所以他们可能遇到的矛盾是要不要离开军队,回归他们原本的生活。不过,不论是现役、预备役还是国民警卫队,倾听和认同他们的担忧都有助于增强他们的能力和治疗方案的制订。

进入住院心理健康护理的战争患者，可能通过了一个与传统患者不同的过程来到退伍军人事务部。如果他们已经从战区后送回来，那么他们会在不同的分诊台的导引下快速移动，由不同的健康工作者为他们提供治疗（Scurfield和Tice，1991）。有人已经在战区接受过心理治疗（比如压力宣泄），但成效不大，而有些退伍军人会把他们需要持续治疗这件事看成自我失败的标志。了解他们是如何来到退伍军人事务部的将有助于建立良好的治疗关系和制订治疗方案。

更常见的是，这些回到后方的士兵目前正处于战争环境和家庭生活的转换阶段，临床医生必须试着理解他们对于回家的期待以及回家后会发生什么的关心。他们是要回到一个各方面都发展得较好的地方，还是一个经济落后的地方？是回到支持他们的伴侣那里，还是回到团结和谐的军队单位？或者去一个没有人情味的城市？他们有没有工作？有没有经济压力？美国公众会对他们的付出和牺牲充满感激吗？不管是什么情况，毫无疑问的是他们再也无法回到过去：因海外部署而远离给家庭成员造成的痛苦虚空已渐渐被填补或者排遣掉，因为生活总得继续……整个家庭都认为无论是其他成员在家中的经历，还是退伍军人在战场的经历，都会伴随着家庭的再次团聚而被轻易地消释，因此战争前的家庭角色能顺理成章地继续运作下去。但事实是，因为家庭成员参军而产生的新的家庭角色和相应的责任并不会因为这位成员回到家而很快被放弃掉（Yerkes和Holloway，1996，第31页）。

从患有慢性PTSD的越南战争老兵那里学到的经验

从那些曾被疾病严重毁掉生活的越南战争老兵的经历来看，在战后马上就对退伍士兵进行干预能够防止可预料的灾难性后果的发展。我们还能直接关注创伤应激反应和减少PTSD症状（比如通过帮助他们处理创伤经历或开药）来减少PTSD、抑郁、酒精或物质滥用或其他心理问题对生活品质的影响程度。我们也有机会对影响生活功能的关键部分进行直接干预，降低那些已被证实的顽固的持续创伤后应激症状和抑郁所造成的伤害，比如我们能通过关注支持性家庭功能的干预措施来减少家庭问题、降低社会隔离和疏离感、支持工作能力和阻止酒精及毒品的自救型使用（这与解决慢性酒精和毒品问题的关注点不同）。

阻止家庭破裂

回归平民生活后，退伍老兵会面对重新回到家庭中的一系列不同挑战，会体会到他们关于回家的想象与现实的落差是如此让人沮丧(Yerkes和Holloway, 1996)。家庭本身已经经历了海外部署带来的问题和压力(Norwood,Fullerton和Hagen, 1996)，在老兵们不在家的日子里，他们与伴侣的角色已经发生了变化，现在需要重新商讨这些角色，而这非常有可能使老兵们感到紧张，并且激怒他们(Kirkland, 1995)。这时心理工作者需要通过以下方法帮助老兵家庭减少长期存在的问题：帮助老兵及其家人预见到这些家庭挑战，并在心理上做好准备，推动整个家庭参加治疗，为老兵中的患者(如有可能的话要包括他的家人)提供家庭生活有关的技巧训练(比如沟通、愤怒管理、冲突解决、养育等)，为家庭成员提供短期支持，使家庭凝聚起来，互相支持。

防止社会退缩和隔离

PTSD会对社会功能造成影响。要防止老兵们产生社会退缩(行为)存在一些挑战，我们可以通过支持老兵们重新建立起与朋友、同事和亲戚们的关系，以及支持他们采用进入那些合适的、能够发展一些新的社会关系场所的方法来实现这一目标。后面这个方法特别能够帮助老兵们离开过去的军旅生活，重新回到平民生活。

社会功能问题应该在治疗中常常与患者进行讨论，并且将其作为治疗针对的目标之一。专注于特定社会困难情境的集中管理技巧训练会很有帮助。而且，正如下文所指出的那样，临床医生应当试着将老兵群体联系起来，以促进他们社会网络的发展。

防止发生就业方面的问题

因为患有慢性战争创伤后应激障碍的老兵很容易就大发雷霆、和上司的关系总是处理不好、有PTSD症状和物质滥用的问题，这使他们工作的流动性很高，而且在保持工作状态上存在困难。稳定的工作状态能预测较好的长期协调状态，因为它能减少经济压力、提供有意义的活动、帮助增强自尊意识，并且为同伴和友谊关系的建立提供机会。在某些情况下，临床医生可以通过传授维持技能来帮助老兵们保持军事任务或民间工作的能力,或帮助离开军队的老兵们找工作,建立促进工作的支持团体……通过这些方法,临床医生可以为老兵们提供有价值的帮助。

防止酒精和毒品滥用

退伍老兵中酒精和毒品问题与PTSD并发的情况早已存在(Ruzek, 2003)。物质滥用使PTSD引发的状况更加复杂,并增加了关键角色及关系干预、损伤处理、对治疗过程的持续参与等方面的问题。治疗师要对酒精和物质滥用的常规筛查和评估保持清醒认识,并对酒精和毒品问题的治疗(尤其是"12个治疗步骤")有一定了解。

对于PTSD与物质滥用的综合治疗手段的可行性,以及对这种双重障碍的治疗措施手册化的前景等问题正处于研究阶段。"寻求安全感"是一种结构化的、进行创伤有关的应对技术训练的团体方案(Najavits, 2002),这一方案的应用在退伍军人事务部正逐渐增多,而且,它是伊拉克退伍老兵在治疗物质滥用障碍伴随创伤后应激反应问题时的一个选择。此外,对于很多新近从伊拉克战场归来的退伍军人来说,对中度酒精成瘾问题的关注,特别是发起对减少饮酒的预防干预措施,或者阻止以酒精来对抗PTSD症状的行为等都是以戒断为导向的传统治疗方法的重要补充(Bien,Miller和Tonigan, 1993)。对所有的退伍军人来说,为他们提供关于安全饮酒和创伤应激反应与物质滥用之间关系的教育都大有裨益。

治疗方面的基本考虑

与退伍军人的联络。如同所有的心理治疗一样,退伍军人和治疗师之间的关系会在关怀的基础上展开。建立与退伍军人之间的联盟可能有些挑战性,但是,大多数新近返回的退伍兵可能正如莉兹(Litz,2002)所描述的那样:"充满防备、拘谨又恭敬、简单又小心谨慎。"而且,他们一点也不愿意与心理工作者合作,特别是在最近有过战争经历的情况下,对退伍军人经历及其相关因素的确认(Kirkland, 1995)是至关重要的。在讨论"战区"而非"战斗"时,因为某些创伤性压力源(比如身体操控和性侵)并没有那么多地跟实战联系在一起,所以其引发的压力可能是被默认的。还需要考虑以男性为中心建构的医疗系统对女性的影响问题,尤其是那些在战区经历过性侵的女性,对她们来说,仅仅是走进一家到处都是男人的退伍军人医院,就会使她们变得脆弱和焦虑。

治疗师应从以患者为中心的视角出发,真切关怀并找到那些患者们当前关心的问题(比如害怕重返战场、对已被后送以及不知道后送意味着什么的担忧、对所在单位反应的担忧、害怕职业生涯横生变故、担心家人的反应以及害怕被要求重返岗位等)。以患者为中心的视角利于助人关系的发展。

让退伍军人互相联系。在慢性PTSD的治疗中,退伍军人常常报告说可能他们觉得最有价值的经验是与其他退伍军人建立友谊,并取得他们支持。从伊拉克战场返回的老兵也一样,他们从彼此的联结中受益良多。所幸的是,退伍军人事务部和退伍军人中心的临床医生们竭尽全力将这些退伍军人们重新联系在一起。

为特殊问题提供实实在在的帮助。退伍军人可能会被工作、家庭、朋友、经济、身体健康等方面的问题搞得精疲力竭,这些问题分散了他们参与治疗的注意力,还会制造出干扰症状来排解持续不断的压力氛围。战争部署带来的消极后果可能会促使创伤后应激压力持续存在。治疗师与其将这些问题视为治疗中的麻烦而置之不理,不如为退伍军人提供一些有价值的帮助,比如帮助他们确认并衡量自身特定问题的重要性,然后采取措施逐步加以解决。

致力于个人的广泛需求。乌尔夫(Wolfe)、基恩(Keane)和杨(Young,1996)在治疗海湾战争的退伍军人时取得的一些经验对于伊拉克战争的退伍军人也同样重要。他们建议应多关注创伤性经验的范围,建议治疗师在治疗时应对参军前和退伍后的创伤压力源在患者康复中的影响有更广泛的关切。比如创伤史可能增加那些在战场上遭遇应激源的人们罹患PTSD的风险,而且,在一些个案中战争经历会激起其曾经历过的关联事件的相同情绪体验。因此,治疗师需理解和参照退伍军人的自我报告,对其中关于身体健康问题的内容和抱怨,评估其可能牵扯的更广范围,他们要认识到,报告中日渐加重的健康问题不太可能完全是由心理问题所导致的。

治疗方法概览

对退伍军人所面对的急性压力反应及相关问题的治疗方法将在后文中列出，治疗从伊拉克战场返回的患有PTSD的退伍军人的方法与那些治疗慢性PTSD退伍军人的方法相类似。

关于创伤后应激反应的教育

教育是治疗从战场返回的退伍军人的关键部分，其目的在于提升他们对症状的理解和认识，减少对症状的害怕和羞耻感并将他们的经历视为正常。同时，也要让退伍军人对怎么样才能痊愈、治疗过程中会发生什么以及药物的合理使用有个清楚的认识。这样，压力反应可能会更容易被患者预见，而且他们对于可能有的长期不良影响的担忧会减少。对最近发生的创伤（几周内或几月内）的教育应当包括这样的概念：很多症状是对极端压力的反应性心理结果，在大多数情况下，这些反应会随着时间的推移而逐渐消失。

压力反应更应该被解释为对战胜压力做出的努力，而不是个体的弱点或不足。实际上，新近研究（比如Steil和Ehlers在2000年发表的研究）认为患者自身对他们压力症状的反应，在一定程度上决定了与这些症状相联系的痛苦等级，也决定了这些症状是否可以减轻。举个例子来说，创伤后的侵扰是否引发痛苦，一定程度上取决于它们对于患者的意义（比如，“我快要发疯了”）。

应对技能训练

退伍军人反复经历着那些由创伤线索引发的侵入性念头和画面、焦虑和恐慌，以及负疚感或强烈的愤怒，这让他们对控制自己的情绪和念头感到无能为力。这种毫无希望的感觉本身就是一种创伤的提醒。由于控制感的丧失对于创伤及其相伴的情绪至关重要，所以帮助患者重新恢复自我效能感的干预措施会非常有用。

在很多退伍军人事务部和退伍军人中心的心理治疗师的报告中，应对技能训练是一个核心部分。包括焦虑管理（呼吸和放松训练）、情绪“接地”（emotional "grounding")、愤怒管理和沟通在内的技术对治疗伊拉克战争退伍老兵很有效果。

但是,回家后的日子可能会带来一些情境性的挑战,因此,到底选择什么技能进行训练,必须以对退伍军人现有经历的仔细评估为指导。比如,对沟通技能的训练可以集中在患者想要对伴侣表达积极感觉时所遇到的问题(这类问题常常与情感麻木联系在一起);愤怒管理可以帮助患者对身边那些不支持战争的人做出更好的反应。

教育可以帮助患者理解他们的经历并了解可以对此做些什么,应对技能训练则聚焦于帮助他们懂得如何去做那些能够让他们康复的事情。这有赖于包括教育、演示、对反馈和指导的预演以及不断重复的实际操作等环节在内的循环指导,其中有伴随日常自我监控的规范的单元间任务设计和真实世界中的技巧训练。这些不断重复的实际操作和真实世界的经历能够让退伍军人感觉:在处理他们面临的挑战时会有能力处理得更好(关于创伤相关处理技术的有用操作可参见Najavits在2002年发表的专著①)。

暴露疗法

暴露疗法是最受支持的治疗创伤后应激障碍的方法之一。它旨在帮助退伍军人有效地面对他们的创伤情感和痛苦的记忆,并且帮助他们从那些只是强调创伤性记忆的反复唠叨中摆脱出来(关于这一疗法的具体细节可参见Foa和Rothbaum在1998年发表的专著②)。患者重复地暴露在他们害怕的刺激中,直到恐惧的反应持续减弱。在治疗中的暴露常常由指定的治疗师加以补充,并且,患者在与创伤相联系的记忆或情境中的自我暴露会被监控。

在大多数治疗机构中,暴露常被作为一个更具综合性的"一揽子"治疗方案中的一部分,通常与创伤压力教育、应对技能培训,特别是认知重组(见下文)联

①指Najavits, L.M.在2002年出版的《寻求安全感:PTSD和物质滥用的治疗手册》一书,由位于纽约的Guilford出版社出版。

②指Foa, E.B.和Rothbaum, B.O.所著《处理强奸创伤:PTSD的认知行为疗法》,Guilford出版社于1998年出版。

合使用。暴露疗法有助于纠正对危险的错误感知，改进对记忆和随之而来的消极情绪的自我控制能力，强化困难情况下的适应性反应。

认知重构

认知疗法或认知重组是治疗PTSD最有效的方法之一（Foa等，2000），其目的是帮助患者检视和挑战那些与创伤相关的痛苦信念。它专注于对患者进行思维和情绪之间关系的教育，探讨他们自身所持有的那些消极思想，分辨个体的消极信念并发展可替代的解释和判断，并且练习新的想法。这是一种系统的方法，而不只是包括个人评估、自我监控念头、家庭作业布置和真实世界的练习这些步骤在内的对信念问题的一系列简单讨论。尤其是，它可能不仅是针对害怕还包括内疚、羞耻、愤怒、抑郁在内的种种困扰退伍军人的情绪的一个最有帮助的方法。举个例子来说，愤怒可能由消极的念头（比如感到对战争经历缺乏准备和训练，感到他们的日常生活受到了伤害，或者是认为平民对他们不予支持）造成。认知疗法也可能帮助退伍军人处理那些可能与参战相联系的个人身份改变或返回时战时身份丧失所带来的痛苦（Yerkes和Holloway，1996）。

在《认知过程疗法》一书中，作者将广泛的认知重组和有限的暴露合并在一起。尽管这本由Resick和Schnicke在1993年完成的专著只针对强奸引发的PTSD，但书中的方法仍可以轻松地运用在退伍军人身上。库巴尼关于创伤相关的负疚感的研究对处理退伍军人伤害或引起平民死亡的问题会有帮助（Kubany，1998）。

家庭咨询

退伍军人事务部和退伍军人中心所做的专业心理健康工作有一个悠久的传统，那就是与PTSD患者的家属一起工作。包括家庭教育、周末家庭工作坊、伴侣咨询、家族治疗、家长课程或冲突解决训练在内的工作对伊拉克战争的退伍老兵也同样会起非常重要的作用。

药物治疗

*急性应激反应的药物治疗。*急性应激反应（创伤发生在一个月以内）的药物治疗通常会针对那些接受了短期危机导向心理治疗后仍然有症状的个体。

这个方法与军队的专业工作者试图避免将创伤相关的症状药理化的努力相一致，并且始终坚持即时、接近和积极期望的原则。

在接受压力相关症状的药物治疗之前，这些战争中的幸存者应当已经接受了彻底的精神和医疗检查，检查的重点在于可能表现为精神症状的内科疾病（如硬脑膜下出血、甲状腺功能亢进）、潜在的精神障碍（如急性应激障碍、抑郁、精神失常、惊恐障碍）、酒精和物质滥用问题、处方药和非处方药所致的药物过敏等。要对所有可能的精神障碍做出评估，而不是只针对PTSD一项，因为实践中常看到很多有症状的军人可能是因为他们恰好处在精神分裂症、狂躁症、抑郁症和惊恐障碍早期阶段的第一次发作期。

有些个案中，临床医生可能需要在完成所有的医疗和精神检查前就为患者开具处方类药物。在患者情况很危险、极端焦虑不安或精神错乱的时候需要立即使用药物治疗。在这种情况下，患者应立即被带往急诊室。使用短效的苯二氮䓬类药物（比如氯硝西泮Clonazepam），或含有最少镇静剂和抗胆碱能剂并最少引发直立性低血压副作用的高效安定药或选用镇静作用和抗胆碱作用，并很少引发体位性低血压等副反应的强效抗精神病药物（比如氟哌啶醇Haldol）可能有效。非典型的抗精神病药物（如利培酮Risperidone）可能对治疗攻击性有效。

一旦决定使用药物治疗急性应激反应，比较理智的选择可能包括苯二氮䓬类、肾上腺素受体阻滞剂或抗抑郁药。在遭遇创伤后不久就短期使用苯二氮䓬类药物（最多4天）可以减少极度兴奋和焦虑，并有助于睡眠。但是，不宜过早或长期使用苯二氮䓬类，因为这一类药物连续使用超过两周或更久与继发性PTSD的更高发病率确实存在关联。

尽管包括可乐定（clonidine）、胍法辛（guanfacine）、哌唑嗪（prazosin）、普奈洛尔（propranolol）在内的肾上腺素受体阻滞剂常被推荐（主要通过开放的非安慰剂组对照实验）用于治疗慢性PTSD患者高度兴奋、易激惹、侵入式记忆、噩梦和失眠等症状，仍有证据指出它们的疗效仅限于急性治疗。必须要引起重视的是，这一类肾上腺素受体阻滞剂对于那些患有心血管疾病的创伤患者要特别审慎，因为它们可能有潜在的降血压的作用，而且，为了避免出现反弹性高血压，在停止用药时要慢慢减少用量,而不要突然停止。此外,这类药物还不能用于患有糖尿病的创伤患者,因为它们会干扰对低血糖的正常激素反应。

最后,在战争后的四个星期内使用抗抑郁药物是合理的,尤其是与创伤有关的抑郁症状很明显且让人很虚弱。时至今日,虽然仍只有一个已发表的研究是关于用抗抑郁药物治疗急性应激障碍的,但在这项最近的研究中,符合急性创伤应激障碍标准的儿童在使用丙咪嗪(imipramine,一种抗抑郁剂)治疗两个星期后,和使用处方的水合氯醛(chloral hydrate)的对照组儿童相比,其症状得到显著减少。

对创伤后应激障碍的药物治疗。在PTSD的治疗中,很少单独使用药物治疗,它通常与心理治疗的方法联合使用,下文将简单介绍PTSD的药物治疗方法。

我们推荐5-羟色胺再摄取抑制剂(SSRIs)作为治疗与军事活动相关的PTSD患者的首选药物。这种药物对于那些经历了严重创伤的人们(无论男女)身上出现的三种症状群都有效果,同时它也对PTSD患者身上常见的各种精神障碍并发症——如抑郁症和恐怖障碍——能起到治疗作用。此外,相对最常用的精神类药物,它的副作用相对较少,尽管PTSD患者可能在开始使用这一类药物时会出现激越和失眠等副反应。

奈法唑酮(nefazodone)、三环类抗抑郁药(tricyclic antidepressants,TCAs)和单胺氧化酶抑制剂(monoamine oxidase inhibitors,MAOIs)可作为治疗PTSD的第二类可选药物。这些药物的疗效方面的证据不像5-羟色胺再摄取抑制剂(SSRIs)药物那样有说服力,因为接受此类药物使用效果测试的被试还比较少。目前有来自公开实验的证据支持奈法唑酮的使用,这个药物与5-羟色胺再摄取抑制剂一样可改善血清素的反应,却又不太像后者那样会引起失眠和性功能障碍[①]。曲唑酮(trazadone)在单独使用时疗效有限,但已有证据表明它能增强5-羟色胺再摄取抑制剂药物的疗效,它的镇静成分使它能够对抗5-羟色胺再摄取抑制剂药物带来的失眠,在提升睡眠方面效果十分显著。而单胺氧化酶抑制

①奈法唑酮可能会引起严重的肝功能损害,有肝功能障碍者严禁使用该药物。——译者注

剂从1990年起就受到了一些实验的关注，目前有一些关于其疗效的有利证据。

我们不推荐文拉法辛（venlafaxine）和丁胺苯丙酮（bupropion），因为它们并没有通过临床试验进行系统的测试。有一些来自实验室的有力证据让我们可以考虑肾上腺素受体阻滞剂，希望能有更多测试证实它对于治疗PTSD患者的有效性。这类药物中最好的研究集中于哌唑嗪，它能显著减少创伤性噩梦、改善睡眠；对全球患有PTSD的退伍军人都有改善症状的效果。不过，伴随它而来的低血压和镇静的问题需要监控，患者也不能立刻停止服用肾上腺素受体阻滞剂。尽管需要考虑理论研究的进展和临床上的发现，卡马西平（carbamazepine）或丙戊酸钠（valproate）对于治疗PTSD的效果并未得到多数研究证实。此外，抗痉挛类药物在临床管理上的复杂性已经转变为对加巴喷丁（gabapentin）、拉莫三嗪（lamotrigine）、托吡酯（topiramate）这些新药的关注——尽管这些新药尚未在PTSD患者身上进行过系统测试。

我们也不推荐使用苯二氮草类（benzodiazepines）治疗PTSD，它们似乎并不擅长治疗PTSD患者，目前也没有研究支持说它们对治疗PTSD的特定症状有效。传统的抗精神病类药物亦不在推荐之列，因为初步结果显示，虽然典型的抗精神病类药物能够增强上述第一类和第二类推荐使用药物的效果，而且对于PTSD患者具有的一些症状（比如强烈的警觉或妄想、易怒、解离感以及与PTSD有关的短期精神病性反应）有效果，但所有的抗精神病类药物都可能会增加患者的体重，而且其中的奥氮平成分还可能引发Ⅱ型糖尿病。

一般原则。药物治疗应当从5-羟色胺再摄取抑制剂类药物开始，不能使用SSRIs或使用后没有改善的可以考虑奈法唑酮、三环类抗抑郁药和单胺氧化酶抑制剂。

若患者对5-羟色胺再摄取抑制剂有反应，可以考虑持续使用这种药物或者加大剂量。在一个最近的关于曲舍林的研究中，经过12周的持续治疗，有将近一半的患者没有显示出期待中的临床反应，直到增加了24周的5-羟色胺再摄取抑制剂治疗。正如我们在这个实验中所看到的那样，实践证明，患者和医生对于持续使用看起来没有效果的药物36周的做法是非常不情愿的。因此，增大剂量的做法看上去更行得通。以下是一些建立在临床和药物使用经验而非真凭实据上的建议：

- 增加一种肾上腺素受体阻滞剂对过度唤醒、反应过度或有分裂症状的患者有帮助。
- 抗痉挛类药物的加入可能对多变的、冲动的或具有攻击性的患者有用。
- 传统的抗精神病类药物可以帮助那些害怕、过度警觉、妄想和有精神病的患者。

整合现有的PTSD专门服务

有压力相关问题的现役军人需要整合到现有的退伍军人PTSD居住地复原项目或其他退伍军人心理健康项目中。对于因精神问题后送的患者来说，整合这些服务的途径并不相同，每个接收地需要为患者制订最适合的模式，并且将他们融入现有服务体系中。在国家医疗中心的退伍军人帕洛阿尔托医疗保健项目（VA Palo Alto Health Care System）的PTSD居住地复原计划中，除了确定的治疗外，对伊拉克战争老兵的治疗一般还会将其他的条件整合进来（比如社区会议、情绪管理课程、冲突解决、沟通技能训练），在这些活动中，老兵们会在一起工作，包括整个过程、案例管理和急性应激障碍/创伤性应激障碍教育团体（在团队中还有暴露疗法、认知重建和家庭/伴侣咨询）。这种将从伊拉克战争返回的士兵与从其他战争或冲突返回的士兵混合在一起的做法一般来说对于提升所有团体的治疗体验都是有益的。

给治疗师的建议

对于治疗师来说，与那些经受过战场创伤的伊拉克战争退伍军人一起工作，似乎在情感上有一定困难。它会带来很多的感受和思虑，比如对死伤的反应，对战争的道德判断，对患者曾杀戮的反应，对人性的脆弱和治疗局限的感受，以及对于缺乏紧急救治的充分准备的认识……这些都可能影响治疗师同理患者的能力，也会给治疗关系的维持带来影响（Sonnenberg，1996）。Koshes（1996）认为最可能产生最强烈的个体反应的是年轻的、缺乏工作经验而且年龄与患者接近的工作者，他们常常对这些患者的经历感同身受。一些技术人员和治疗师的助手也可能有产生强烈反应的危险，因为他们既没有受过多少关于如何处理这些患者的正规教育，又与患者待在一起的时间最长。

不管经历的感受如何，所有的心理健康工作者必须监控自己，实行积极的自我照顾，而管理者必须确保与治疗有关的训练、支持和管控能够一切正常。

退伍军人的PTSD初级治疗意义

普林斯（Annabel Prins）博士、基默林（Rachel Kimerling）博士和勒斯金（Gregory Leskin）博士

伊拉克战争期间和战争结束后，家庭医生们可能会注意到他们的患者人数有变化，从战场返回的退伍军人或现役军人的数量增加了。还有就是与现役军人的家人接触的时间增多了，包括那些在战争中失去了亲人或他们的亲人在行动中失踪或被俘虏的人们。而且，在其他战争或冲突、维和任务中遭遇不幸的退伍军人也增多了。所有的患者都可能会经历下列创伤后应激障碍（PTSD）症状：

- 他们都可能亲眼看见或卷入了战争令人害怕的那一面。
- 他们可能在执行任务的过程中经历了与军事活动有关的性伤害。
- 家人可能会因为听到发生在亲人身上的恐怖事件，或因为失去或害怕失去亲人而遭受创伤。
- 在过去战争中幸存下来的退伍军人，因为他们经历过令人恐惧和害怕的事件，所以他们可能会有加重的创伤应激反应。

以上压力反应类型常常会使人们需要增加医疗协助，但因为那些经历创伤的人们中，极少数的人会寻求心理治疗，所以家庭医生是最有可能接触到PTSD患者的专业医疗工作者。

那些家庭医生需要知道的PTSD患者希望他们知道的事

- 90%以上的患者报告说创伤的经历和反应与他们最初的治疗有关且十分重要。
- 90%以上在退伍军人初级诊疗机构中接受治疗的患者至少有一次创伤事件的经历，最多的甚至经历过4次以上。

• 创伤暴露情况和增加健康关注之间的关系似乎受到PTSD诊断的影响。

• 家庭医生需要了解PTSD的基本特征：再次经历症状（比如噩梦、侵入式的念头）、回避创伤有关的东西、情感麻木或情感分离以及过度兴奋（比如易受惊吓、高度警觉）。

PTSD可以在初级诊疗机构中被检测到

• PTSD初诊筛查（The Primary Care，PC-PTSD）可以用来初步检测PTSD。

• 这一筛查中任何三个项目得到支持就意味着诊断的准确度达到0.85（敏感度0.78，特异性0.87），从而需要对患者进行进一步的评估。

PTSD可以在初级诊疗机构中得到的有效管理

认识到患者有PTSD症状和其他与创伤有关的症状后，你可以：

• 为患者及其家人提供教育资源，帮助他们了解他们来自伊拉克战争的感受，是这场战争带来的后果。

• 认同患者的不幸，帮助他们认识到他们的感受在那样的战争环境中再正常不过。

• 在适当的时候，开始PTSD的治疗或提供心理咨询服务。

家庭医生能够为他们的患者做点什么？

确认患者的状况与战争的关系。通过评估患者的状况与战争的关系，家庭医生会了解创伤事件与患者症状的关联度和重要程度。家庭医生可以通过询问下列问题来达到这一目标：

"你是刚从波斯湾回来的吗？调整得怎么样？"

"你有亲友正待在波斯湾吗？你如何面对他们不在身边的情况？"

"伊拉克战争对你有什么影响？"

体会患者与痛苦的斗争。不管患者在战争中有什么特别的经历，家庭医生都应该认识到他们的痛苦与战争相关，同时要注意不要对这些痛苦大惊小怪。建议采取以下这些表达方式：

"看到你正在与痛苦做斗争我感到难过。"

“我明白这些事情对于你来说是多么不容易。”

“你不是我唯一一个正遭受这些事的病人。”

“这并不容易，是不是?”

PTSD症状评估。PTSD初诊筛查可以通过自我报告的形式进行，也可以通过面谈取得结果。对患者介绍这一工具或想获得患者的信息时，你可以采用以下表达方式，比如：

“我想知道你是否有一些特别的症状。”

“有一些特定反应在人群中很正常，我想知道是否……”

认识到创伤可能会对医疗造成影响。与PTSD有关的健康问题有很多种，而且分类也不同，比如有神经生物、心理和行为等因素。研究证实PTSD能够导致神经生物功能失常，改变儿茶酚胺、下丘脑垂体肾上腺类皮质激素、内源性阿片内肽和甲状腺的功能，还会对免疫系统和神经递质系统造成影响。

遭遇创伤性压力与更多的对健康问题的抱怨、医疗服务利用率、发病率和死亡率相联系，PTSD是由创伤造成上述不良健康状况的关键因素。PTSD和创伤经历与下列具有健康威胁的行为有关：酒精和毒品使用、风险性性行为、自杀观念和行为等。

决定创伤性反应可否及如何在电脑上进行管理。在一般或初级治疗机构中提供心理健康服务是可能的。根据这一途径，对于初级护理病人来说，简单的心理治疗、心理教育和药物治疗可以作为首选的干预方式。如果这些干预方式对于患者不起作用，或者患者明显需要特定的治疗(比如持续的精神病症状或严重的解离症状)，那么这名患者应当被转介至心理健康急诊、心理问题门诊协调员(outpatient mental health intake coordinator)或PTSD治疗项目。

患有PTSD的患者应遵循的程序

医疗检查中的症状。医疗检查或相关程序可能会让患者感到焦虑或恐慌，以下技术可以帮助他们：

- 用平静的、不带感情色彩的声音讲话。

- 向患者保证一切正常，让他们安心。
- 提醒患者他们现在处于一个安全的地方，他们的健康是首要任务。
- 说明医疗过程并为患者做检查（比如“你还好吧？”）。
- 如果患者正在经历痛苦的回忆，提醒他们正处在何种时间以及哪个场所（接地练习）。
- 给患者喝水，给他们加件长袍，或是为他们提供热毛巾或冷毛巾敷脸，以及其他一些能让患者感到更像平常的自己的东西。
- 任何来自初级医疗工作者的帮助和敏感体察都会有助于加强他们与患者之间积极有效的关系。

其他资源

在初级治疗机构可用的PTSD筛查和治疗工具可通过以下网址获得：

创伤后应激障碍：初级治疗独立研究课程，退伍军人健康自主www.sites.lrn.va.gov/vhi（此网址只能通过退伍军人事务部的内部网络访问）

国家医疗中心的PTSD页面：www.ptsd.va.gov/professional/index.asp

美国国家心理健康研究所关于PTSD的信息：

www.nimh.nih.gov/health/topics/post-traumatic-stress-disorder-ptsd/index.shtml

第四章
抑 郁

军人和他们的家庭经历的情感压力跟常人不一样。军人要服从部署和调度的命令,他们会长时间见不到亲人,单独照顾家庭的军属难免会有抱怨……这些都使军旅生活压力重重,让军人感到悲伤、绝望,与亲友和同事疏远,甚至觉得养儿育女都是个麻烦事而不是什么幸福,因此变得烦躁不安,忽视孩子的需要。这些感觉和行为意味着抑郁症正在悄悄逼近。不要怕,抑郁症可以治疗,我们需要做的,只是鼓足勇气,为自己或亲友找到治疗方法。

什么是抑郁症

我们都会经历悲伤或情绪低落,这再正常不过。但抑郁症可跟它们有很大不同,相对于悲伤来说,它持续时间更久,程度更严重。一般来说,抑郁的症状包括：

1. 多数时候感到沮丧和悲伤；

2. 对以往喜欢的活动失去了兴趣，也没了原来那些爱好；

3. 觉得自己的能量水平很低，整个人感觉非常疲累；

4. 认为一切事情都会一直这样糟糕下去，不会好转。

抑郁症虽然常见，但它是可以治疗的。只是，如果就诊不及时，患者和他的家人会增加许多不必要的痛苦。不仅是在部队时那些对亲友日益剧增的思念、心爱的人未在身边的痛苦会引发抑郁，假期结束时不得不跟家人分别的痛苦也会引发抑郁，甚至在休假期间出现抑郁的情况也不在少数。

问题的严重性

抑郁症是一个影响个体正常生活的常见心理疾病，它会让人长时间感到难过、沮丧。美国的成年人口中，每年有1880万人遭受不同类型抑郁症的折磨，约占该群体总数的9.5%。

抑郁可不像郁闷，郁闷只是短暂的心情不佳，而抑郁可是一直赖着不走，持续影响我们日常生活的方方面面，包括吃饭、睡觉、思考甚至自我认知。

抑郁有什么表现

虽然不同类型的抑郁有不同的特征，但是抑郁症患者有一个普遍的特征：他们多数时候都感到情绪低落，或者觉得生活没有意思。

成人抑郁症的症状：

1. 持续的悲伤或者常常感到空虚；

2. 失去了对一般活动的兴趣；

3. 食欲和睡眠状态改变；

4. 精力减少或者常感到疲劳；

5. 注意力不能集中，不能做决定；

6. 有负疚感、绝望感或者无价值感；

7. 常想到死亡或者自杀。

此外，抑郁症患者会明显感到自身睡眠、饮食、注意力以及自我感觉发生了变化，也会常常觉得自己似乎身处绝望之中。这些症状一般会持续至少两个星期以上。

行为和抑郁症

行动消极，情绪负面

忧郁的人常会感到失落、疲劳、悲伤和绝望，他们会任由自己的低落情绪发展。一个抑郁的人很可能会：

1. 不做会消耗能量或者需要花费努力去做的事；

2. 将自己不想做的事情往后拖，直到心情好转；

3. 就想一个人待着，不想跟家人或朋友在一起；

4. 嗜睡或入睡困难；

5. 滥用酒精或者其他的东西（比如毒品、尼古丁或咖啡因）；

6. 暴饮暴食或者吃得太少、偏食；

7. 把自己沉浸在像看电视或打游戏这样一些容易上瘾的事情中，逃避自己的感觉或念头。

当一个人感到抑郁时，往往会远离一些活动，但他没想到的是，恰好是这些他回避的活动能够帮助他，让他感觉好一些。什么都不做只会使抑郁更严重，因为：

1. 你会因此远离快乐和完整的生活；

2. 不能够帮助你正视和解决问题；

3. 会阻碍你处理重要的感觉和事情(比如，亲人去世时的悲伤)；

4. 会使你将来更难应对痛苦；

5. 很有可能会使问题变得更加严重。

导致抑郁症的原因

抑郁症有许多原因，比如无法面对痛苦，无法面对失去都会导致抑郁。从战争中归来的人往往会有痛苦的记忆、负罪感或悔恨，或发现自己无法回归正常的生活，如果他们不能正确地处理这些感觉和经历，就会引发抑郁。抑郁症常常和大脑中的一些化学物质不平衡或者发生改变有关，其中有一些类型的抑郁症源于家族遗传。

抑郁症会影响个体身、心、意的各个方面，包括他们的饮食和睡眠方式，自我感觉和看待事物的方式等。它既不是正在消失的“闷闷不乐”，也并不意味着某种个体缺陷，它是和糖尿病、心脏病一样需要治疗，而且可以治疗的疾病。家族遗传史或者像遭遇生活的不幸、外伤、重病和压力等生活经历是抑郁症的诱因，目前已有一些效果很好的药物或其他方法可以治疗抑郁症。抑郁症患者要是没有得到及时治疗，症状会持续数周、数月甚至数年，好的治疗方法能够帮助个体从抑郁症中解脱出来。

抑郁症治疗方法

抑郁症如果越早被发现、越早治疗，其对患者的工作、事业、健康和社交带来严重损害的可能性就越小。不过,在对抑郁症患者采用某种专业治疗方法之前,应当对患者进行一次评估以确定最好的治疗方案。对于程度较轻的抑郁症患者一般进行心理治疗即可,但是比较严重的就需要药物治疗或者心理和药物联合治疗——总之医生会帮你选择最好的治疗方案。

心理治疗

可用来治疗抑郁症的心理治疗方法(谈话疗法)有很多,这些方法花费的时间从仅包含几个疗程到持续10至20个星期或更长时间不等。总的来说,心理治疗方法的特征是通过治疗师的工作帮助患者建立新的认知—行为模式,认识他们自身的问题并解决它们,以此减少抑郁情绪的产生。目前,抑郁症心理治疗的两个主流方法是人际关系治疗(interpersonal therapy)和认知行为疗法(cognitive-behavior therapy),前者聚焦于患者与他人的关系,以及这些关系如何引发和维持抑郁症状;后者努力帮助患者改变导致抑郁症的消极思考方式和行为方式。

药物治疗

除了心理治疗,一些抗抑郁药物也可用于治疗抑郁症,包括:选择性5-羟色胺再摄取抑制剂(SSRIs)、三环类抗郁剂以及单胺氧化酶抑制剂(MAOIs)。相对以前的药物而言,新型药物(比如SSRIs)的副作用更小。医生可能会尝试使用多种类型的药物,或者增大药物剂量来提高治疗效果。尽管药物需要8个星期才会完全发挥作用,但往往患者如果定期使用药物治疗3至4周,抑郁症症状就能得到缓解。

抗抑郁药物一般是安全有效的,它们能够帮助患者减轻抑郁,同时也存在一些副作用,比如嘴唇干裂、便秘、膀胱及性方面的问题,视力模糊、头晕、嗜睡、头痛、恶心、神经质或者失眠等。一些病人会因为副作用或者病情好转停止服药,这种做法其实是不对的,因为一些药物必须逐步减量而不能突然停服,从而身体才能慢慢适应不吃药的状态,所以千万不要在没有咨询医生的情况下私自停药。

家人和朋友如何帮助患者痊愈

当感到抑郁时我该怎么做?

抑郁症会使一个人感到疲惫、绝望、无助和悲伤,认为自己没有存在价值,且觉得这个病永远都治不好,他们唯一能做的好像就是放弃治疗。因此,要让患者意识到这些消极的念头和感觉只是抑郁症的一部分,它们会随着治疗的推进而逐渐消失。同时,他们也可以尝试做下列事情来改善状态:

1. 跟医生或者健康保健顾问交流;
2. 跟家人和朋友交流,获取他们的帮助;
3. 参加那些让自己感觉变得更好的活动,或者那些在患抑郁症前曾喜欢的活动;
4. 制订现实的目标;
5. 参加一些温和而不激烈的体育锻炼;
6. 试着与他人待在一起,寻求他们的帮助;
7. 将目标和任务分解成更小、更容易实现的部分。

可用资源

美国国家心理卫生研究所的抑郁症简报,网址:www.nimh.nih.gov/ publicat/ depression. cfm

全美精神疾病联盟(National Alliance on Mental Illness,简称NAMI):www.nami.org

美国国家创伤后应激障碍中心:www.ncptsd.org

第五章
愤　怒

什么是愤怒

愤怒是指给人际关系造成伤害的情感或言语的冲突，常常会引发暴力和虐待。虐待有很多种形式，威胁、咒骂、指责、扔东西、争执、推搡、抓挠和击打都是虐待的一种。那些在童年时曾受到过虐待的人，更有虐待同事、伴侣或者家庭成员的可能性。

问题的严重性

遭受着创伤后应激障碍（以下简称PTSD）折磨的伊拉克战争退伍军人似乎

很难控制自己的愤怒，因为这一情绪在他们的生存斗争中曾占据着中心位置。有调查显示，患有PTSD的老兵更容易愤怒，更趋向于采用敌对、侵略或暴力行为，在关系中更容易使用暴力或采取虐待行为(Jordan et al., 1992)。"易怒"是PTSD的一个诊断标准(全美精神病学协会，即American Psychiatric Association, 1994)，并且会给患者的很多方面带来破坏性的影响。无法控制的愤怒会伤害退伍军人和亲友的关系，也会危害他们的社会交往和工作表现。而这些人际交往困难的问题可能会对退伍军人的社会支持网络产生很大的不利影响，进而加重他们的创伤后应激障碍症状，增加他们罹患心血管疾病的可能性，使他们更容易出现与愤怒、敌对情绪及PTSD相关的健康问题。同时，易怒也可能给军人们带来法律上的麻烦，因为他们很可能与那些刚好撞上他们愤怒的人产生严重冲突。

尽管很少有理论和研究揭示PTSD在愤怒中扮演的角色，但有一个重要的有关PTSD患者愤怒的理论强调，患者的认知过程受到负性的、过度的、不合时宜的激活，这与他们启动了"生存模式"有关(Chemtob 等, 1997)。相关的反应包括过度兴奋、敌意，自我监控或其他抑制能力丧失、引发针对感受到的"严重威胁"的行为反应。这使退伍军人不能客观地看待日常生活中那些根本就不危险的"威胁"，而做出攻击性的行为来对"威胁"进行反应。这种"生存模式"能够适应战争环境，但在平民生活中却极不适宜。所以，对此类人群进行治疗的一个重要目标就是让患者学会对那些针对环境中的威胁而产生的认知偏差进行觉察，并找到证据加以证明。当然，对于伊拉克战争中的官兵们来说，这种对威胁的高度敏感非常重要，因为在战场上敌人并非总在明处，官兵们必须对随时可能发生的袭击时刻保持警惕。

愤怒有什么表现

以下是值得注意的一些可能引发家庭暴力的迹象：

- 控制性的行为或者嫉妒；

- 因为问题或冲突而指责别人；
- 情绪变化剧烈；
- 言语暴力，如羞辱他人、操纵他人或让别人困窘；
- 自伤或者过度冒险，激烈的争论。

家庭暴力

发生在美国军人中的家庭暴力相当频繁，以至于美国国防部都将其列为特别关注项目。士官长和军事警察并不喜欢介入那些由家庭问题引发的冲突，因为这类事情总是不能得到一个明明白白的解决，那些家暴受害者多多少少都会拒绝合作，因为他们害怕给配偶的职业生涯带来不好的影响。了解家暴、知道哪些是家暴的警报信号以及遭受家暴后可以做什么、如何寻求帮助等能够帮助人们有条不紊地解决这些问题。

了解家暴是怎么一回事

了解家暴首先要从了解亲密伴侣的暴力（intimate partner violence，简称IPV）开始。亲密伴侣的暴力包括身体、心理和性等方面的伤害，常发生在现任或前任配偶、男女朋友跟踪、伤害或威胁要伤害伴侣时。亲密伴侣暴力有时也与“家庭暴力”这一概念混用，不过需要注意的是，“家庭暴力”指的是发生在家庭成员之间的暴力行为。亲密伴侣暴力的受害者除了直接的身体伤害，还会有许多心理、行为等方面的伤害问题，包括：

- 抑郁；
- 焦虑；
- PTSD；
- 自杀倾向；
- 物质滥用；
- 胃肠功能障碍；
- 性病；
- 妇科或者妊娠并发症。

亲密伴侣暴力受害者可能难以持续工作，他们会在经济和能力上遇到问题，使自己和孩子的生活难以为继。

亲密伴侣暴力没有特别的性别指向，无论男女都可能成为受害者，但是女性尤其是年轻女性受害的可能性较大。曾有一项调查表明，全美有四分之一的女性遭受过身体或者性方面的亲密伴侣暴力。当然，这种暴力行为既可能发生在异性之间，也可能发生在同性之间。

有调查认为现役军人和退伍军人中发生亲密伴侣暴力的可能性高于平民。在一些老兵中，过高的压力和PTSD可能促使一些老兵对其亲密伴侣行使暴力，比如一项针对50岁以下的退伍女兵的调查表明，她们中有24%的人都曾经历过亲密伴侣暴力。

退伍军人事务部正致力于通过一揽子计划解决亲密伴侣暴力带来的健康问题，防范其风险。比如他们研究和创建了一些干预方案，包括以伴侣为基础的治疗方案，同时他们也在初级保健机构中研究和发展了一些发现亲密伴侣暴力的更好方法。

有许多种谈话治疗都能够帮助那些经历了亲密伴侣暴力的人们处理PTSD、抑郁和焦虑问题。其中一些治疗方法（比如认知过程疗法）由退伍军人事务部和退伍军人中心提供给退伍军人。这两个机构的人员会为老兵们提供有保障的治疗计划和相关服务。而且，每个退伍军人医疗中心都设有一名专门的女性退伍军人项目管理者。

如果你的伴侣出现以下情况，那意味着你要有所警惕

- 伴侣的伤害让我到了需要医疗救助的地步；
- 他/她会跟踪我到任何地方，或者必须要知道我一整天在做些什么；
- 他/她曾经扬言要伤害我的孩子或者宠物；
- 他/她滥用酒精或药物；
- 他/她强迫我做爱；
- 他/她威胁说要杀了我；
- 他/她威胁说要杀了他/她自己；

- 他/她拥有枪支或者容易获得枪支；
- 他/她曾对别人施以暴力；
- 他/她损坏了我的东西；
- 他/她控制我的金钱；
- 他/她规定我可以和谁在一起；
- 他/她用脏话骂人，让我感到没有价值。

你能够做什么

自立

- 开始攒钱并把它们放在一个安全的地方，比如独立的银行账户；
- 和退伍军人事务部的医疗保健顾问进行交流，询问他该如何做；
- 向心理咨询师、医疗保健顾问或者法律机构寻求帮助；
- 与一个值得信赖的朋友或者家庭成员保持联系。

提前做好准备

- 随身带着一些现金；
- 随身携带手机并充好电；
- 教会孩子去一个安全的地方（比如朋友、邻居或者亲戚家）；
- 准备一个急救包，里面有：药物/处方；手机卡/可以用来打电话的零钱；备用钥匙；银行卡/信用卡；监护令；工作许可证；施虐者的照片；通讯簿；孩子最喜欢的玩具；钱；手机和充电器；有照片的身份证/驾驶证；限制令；护照/入境文件/绿卡；电子转账卡；衣服；洗漱用品和尿布。

如何寻求帮助

除了退伍军人事务部外，还有许多社会资源可以帮助那些亲密关系暴力的受害者。国家和地方都有热线可以帮助他们找到避难所和组织来寻求安全和支持：

- 紧急情况下你应该拨打911
- 全国家庭暴力热线：1-800-799-SAFE(7233)
- 性侵害热线：1-800-656-HOPE(4673)
- 自杀热线：1-800-SUICIDE(784-2433)
- 了解亲密伴侣暴力：美国疾病防控中心
- 防止亲密伴侣暴力和性侵害：美国疾病防控中心的项目指南

行动方案

大多数情况下丈夫会虐待妻子，但这并不总是真的。如果施虐者是个平民，军队对这种事情没有管辖权，多数情形下，他们只能将信息转给相关机构来处理。区域保障司令官有权力禁止平民进入军用设施，而且，如果有必要，他可以行使权力将军人和虐待他们的伴侣隔离开来。

如果施暴者是军人，则会有两套不同的处理程序：军队审判系统和家庭辩护系统。要清楚的是，这两个系统之间并无任何联系。家庭辩护项目职责在于鉴定、介入调节和治疗，而非惩戒。家庭辩护委员会最多会得出"虐待确实存在"的结论，但是这个结论没有足够的法律效力，并不能使军事审判机构依据它来判定任何法律惩处。另一方面，家庭辩护系统并不欢迎军事法律规定下的保密条令，而且，他们在调查中搜集到的证据和做出的结论有可能被用在军事审判中。

如果家庭暴力事件很严重，那么民事机构可能在法律上取得管辖权，但家庭辩护委员会仍会被通知参加审判过程。不过，当地警察可能会也可能不会将事件报告给军人所在的基地官方。美国国防部的官员们目前正努力与法律机构达成一致意见，以推动将这类报告有序地建立起来。

条例规定军队和国防部官员必须向家庭辩护委员会报告任何可疑的家庭暴力事件，无论这类事件是大是小。报告的责任人包括指挥官、军士长、主管、医务人员、老师和军事警察。在许多案件里，当面临可能有家庭暴力的情况时，指挥官或者军士长会命令与事件有关的军人待在宿舍或者营房里，直到家庭辩护委员会完成调查。“军事保护命令”也明文禁止犯事人员跟受害者联系。许多基地也都有“虐待保护盾”系统（abused dependent safeguard），通过这个系统，军士长或者指挥官可以让家庭成员用假名留在军营。

一旦家庭辩护委员会接到关于家庭暴力事件的报告，他们就会派出工作人员去保护受害者的安全、制订安全计划和开始着手调查。整个过程中工作人员要确保受害者得到医疗救助，以及他们的精神健康和安全需求能被满足。家庭辩护委员会的官员也会与被指控为虐待方的个体面谈，不过，在面谈前这些个体会被告知他/她享有《军事审判统一法典》第31条的权利，并非必须接受面谈，如果他们愿意，也可以选择不接受。

如果有儿童被卷入了虐待事件，条例会要求告知当地的儿童保护机构，让他们一起参与调查。

调查结束后，这个案件会被交到一个由家庭辩护委员会代表、执法人员、军事法官、医务人员和牧师共同组成的案件审查委员会，由它来判定是否确实有足够的证据证明家庭暴力事件的发生，一般会得出以下几种结论：

有凭有据。一个案件已被调查且在获得的信息中多处指示出虐待事件的确发生了，这意味着所有调查获得的信息中，偏向于或能够确认虐待事件的信息所占比重最大。

有嫌疑。案件做出判定需要进一步调查。案件处于“有嫌疑”阶段或者调查阶段的时间不能超过12个星期。

无事实根据。案件经调查后掌握的证据不足以支持虐待或忽视儿童、虐待配偶的事件已经发生，因而这个家庭不需要家庭辩护委员会提供服务。

在做出这些结论时，委员会会将虐待定义为：

虐待或忽视孩子。包括身体伤害、性侵害、感情伤害、剥夺必需品或在孩子的幸福受到伤害或威胁时未能负起相应的责任。这个定义包含了责任人的有意作为和无意疏漏。“孩子”指未满18岁，在家庭外不能独立生活，父母、监护人、养父母、保姆、社区工作人员以及其他工作人员负有法定监护责任。“孩子”

一词不仅指亲生子、收养的孩子、继子或者需要监护的孩子，还包括由于身体或者精神失能而无法自立的人，以及在军事医疗机构接受治疗的人，无论他/她有多大年龄。

配偶虐待。在其中一方是军人、受雇于美国国防部的工作人员以及有资格在军事医疗机构接受治疗的人的婚姻中，攻击、殴打、威胁伤害或杀死配偶，以及其他强迫或暴力行为和情感虐待。此类中未满18岁的配偶必须在军事医疗机构中接受治疗。

针对施虐者，指挥官会根据委员会的建议决定采取何种措施。指挥官可能会让施虐者接受治疗，或者寻求开启《军事审判统一法典》的程序来对其进行处分，或想办法让施虐者离开军队。

受害者常常会因为担心影响对方的职业生涯而在是否报告家庭暴力一事上犹豫不决。国防部最近有一项调查表明，有虐待行为的军人在离开军队的意愿上要比没有虐待行为的军人高出23个百分点，而且他们更不在乎是否能够光荣退役。而留在部队的那些有虐待行为的军人中，大多数人提升的速度要比其他人慢。

如果这名军人是因为“虐待配偶或受抚养的子女”的犯罪行为而被军队解雇，那么他的配偶可以得到联邦法律规定的财务保护，不过这项规定很少有人知道。财务保护是否生效无关乎解雇的决定是来自军事法庭的裁定还是来自指挥官的行政命令，而关键在于解雇的原因必须是这名军人实施了“虐待配偶或受抚养的子女”的犯罪行为。

“虐待配偶或受抚养的子女”的意思是对配偶或者受抚养的子女实施了犯罪，这一罪名包括性侵害、强奸、鸡奸、殴打、谋杀和过失杀人等犯罪行为。你可以去查找目前官方规定的补助规则。如果配偶有一个需要抚养的孩子或有一群军人孩子的监护权，每个月的补助金额会随着孩子数量的增加而增加。如果没有资格获得补助的配偶，补助会直接给予受抚养的孩子，或者平分给被解雇军人的每一个孩子。但是，补助的时间最多不能超过36个月。如果军人在被军队解雇或军事法庭判决生效时服兵役的时间未满36个月，那么所获得的补助时间与其服役时间相同;如果他的服役时间未满12个月,则补助时间按12个月计算。

若获得补助的配偶再次结婚,那么补助会自再婚之日起停止发放。补助一旦停止则不可因为再婚的结束而恢复。因为再婚而停止发放补助时,如果还有需要抚养的孩子,而这个孩子并没有跟随再婚的那一方生活,那么补助会直接发放给孩子。补助也会因为犯下虐待罪行的军人与因被其虐待而获取补助的配偶或者孩子一起生活而停止发放。

如果受害者是一个需要抚养的未成年人,配偶被相关部门主管认定的权威机构发现积极参与了犯罪行为或者积极辅助实施犯罪行为,以及唆使其配偶实施犯罪行为,那么即使这名受害的未成年人与其生活在一起,他/她也不能领取补助。

除了领取此类有过渡作用的补助外,如果军人已经达到退役年限,但是由于家庭暴力的原因,他不能得到退伍费,那么配偶可根据《武装部队前任配偶保护法案》到离婚法庭要求分得一部分退伍费,则军方会履行支付义务。(注:该条款规定如果前配偶再婚,则补偿将会停止)

即使一个家庭暴力事件被平民犯罪审判系统严厉处理,一个被认定为家庭暴力的行为不端也会终止一个人的军事生涯。1996年《拉丁堡修正法案》对1968年出台的《枪械管制法》进行了修正,禁止已被确认有家庭暴力行为的人持有枪械,这项法案同样适用于执法人员和军人。

亲友们该如何提供帮助

一种有利于家人交流的方式是日常的家庭会议(Fetsch and 2007)。这可以提升理性的思考,并控制愤怒防止其转变为暴力。日常的家庭会议能够通过提供一个安全的时间和空间来做决定、认识到家庭的好处、设立规范、分配家务、平息争斗或欣赏家人的优点,因此能够促进家庭的和谐。

一些家庭已经准备好自我提升和解决上述问题,而另外一些家庭的情况实在太麻烦,若无专业的帮助很难解决,那么这些家庭就需要开始首次的家庭或婚姻治疗。为了确定你的家庭是否准备好要尝试家庭会议这种形式,请回答以下问题：

• 作为父母，我们是否决定在家庭的范围内要用语言和交流解决问题？

• 我们是不是能像一家人那样讨论事情和彼此的不同，而不是咆哮、大喊或者打架？

• 我们是否至少能听取或者倾听别人的意见？

如果你的回答“是”多过“不是”，那么你可以继续阅读并尝试下面的步骤。不然你就需要向与你有相同情况的朋友咨询以获得那些专业的家庭治疗师的信息，你也可以通过电话本黄页寻找专业人士的帮助。

如果一个正式的家庭会议还不能够解决你家庭的现有问题，那么就去策划一场家庭午餐。利用这个时间，跟你的家人一起分享生活中的美好时光和庆祝他们的成功。一定要让所有的家庭成员参与策划，而不是仅由父母决定。当家庭成员之间发生争执时就进行全体讨论。

使用好的问题解决技巧。首先确定你想解决的问题并讨论可能解决这个问题的方法。讨论每种解决方案的优势和劣势，并达成一个大家都认可的最好的解决方案。当这种解决问题的方法让人感到舒服，就让其他家庭成员也参与其中。当你听到孩子们说他们使用了你教给他们的技巧解决了自己的问题时，一定要给予表扬。

当你的家庭成员都已经准备好，那就开始计划正式的家庭会议。寻找能够在一起的时间，然后检视生活中那些有用的、无用的方法。整个过程中要保持着开放和接受的心态，而不是支配和控制。会议的地点和时间可以改变。要计划一些有意思的活动来让所有人都有兴趣参加，比如“让我们尽快召开一个家庭会议来讨论你的生日怎么安排吧！你周日晚饭后有时间吗？”

找一个所有家庭成员都方便的时间召开家庭会议，如果家里住着长辈，也要邀请他/她参加。你可以邀请所有人，但并不要求他们都到场。当然，不参加会议的结果就是家庭成员所做的决定可能导致他们的意见会被忽视掉。

只要孩子们会说话了，他们就可以参加家庭会议。如果是有年幼的小孩(2岁到6岁)参加，要保持家庭会议在10到20分钟内结束，以后可以随着他们年龄的增长逐渐延长会议时间。如果是岁数大一些的孩子，可以提前决定好会议的时间。

许多家庭发现每周或每隔一周在同一个时间同一个地点召开会议的方法很有价值。你可以设计适合自己家庭的会议，比如隔代家庭会议就可以每个月开一次。会议时间的长短取决于讨论的话题。如果举办家庭会议已形成习惯，那么平衡庆祝和解决问题的时间就会很简单了。请注意，每次会议最好只讨论1至2个问题。

成功举办家庭会议的建议。召开家庭会议的目的是鼓励家庭成员之间敞开心扉。对于家庭成员中的每一个人来说，这是一个在他们联合起来做决定和解决问题时，可以畅谈所思所感的安全处所。当一个家庭已经准备好了，一个结构化的会议肯定能够帮助实现这一点。

1.定期在已规划好的时间见面

准时开始和结束。保证会议次数，通过给其他人优先级来鼓励大家参与。

2.轮换承担会议中的职责，比如主持人、秘书和计时员

平等地对待每一个人，给每个人实际处理问题的机会，鼓励其他人当好听众。最初的会议主持人应该是家庭中相信平等和民主的成年人，他负责开始和结束会议，帮助大家创建应该遵守的规则，比如：每次只能由一个人发言，其他人作为听众，直到发言者说完话以后，才可以提出赞成或者反对的意见。领导者需要确保所有的观点能够被听到。

会议主持人也需确保每次的讨论聚焦在一个问题上，并保证按时结束会议。会议结束大家可以决定谁是下一次的会议领导者、秘书和计时员。一些家庭选择由秘书来记录决定和协议，秘书也会将一些活动和需要注意的日期写在日历上，方便大家查看。下次开会时首先由秘书做上次会议的简短回顾。有意思的是，这些简短的记录可以作为家庭史保存，多年后仍可回顾。主持人和秘书的职务可以在成年人中一直轮换，直到每个人都能轻松地主导一场高效的家庭会议，这时也可以让孩子们参与进来，担任这些角色。

3.鼓励所有的家庭成员参与进来

在一个舒适的环境里，所有的家庭成员都能够畅所欲言而不用担心受到惩罚和报复，这可真是相当有爱。一些父母试着从家庭生活的独裁者向着权威式父母角色转换，刚开始时，他们可能还限制公开讨论一些后果不严重的小问题，但其实他们不需要担心太多，应该让这些问题顺其自然地得到讨论。

4.每次只讨论1个主题，只解决1个问题

“我们今天想解决的问题是……我建议我们拿出……分钟来解决这个问题，大家都同意吗？”后面若有必要，大家可以商议多花一些时间来处理这个问题。当会议主持人发现讨论已经偏题了，他或她可以说：“这个问题我们可以以后再讨论，我们现在讨论的议题是……”而如果有人打断了发言者，会议领导者会说：“抱歉，我们很想听取你的意见，你是否可以等他说完后再说你的意见呢？”

5.使用“我觉得……”和“问题解决步骤”

想要获取更多的关于如何使用“我觉得……”的信息，可以参见www.ext.colostate.deu/pubs/consumer/10236.html这个网址上的说明。想要了解“问题解决步骤”如何进行，也可参见网址：www.ext.colostate.deu/pubs/consumer/10238.html

6.总结讨论的成果，保证大家讨论的焦点始终围绕一个问题展开

在需要时及时对讨论进行总结，注意观察参会者的非言语行为或语言，看看是否有人对谈论的观点感到不舒服。

7.达成共识，做出决定

所谓共识，就是在主要的问题上不断地交流、讨论和协商，直到没有一个家庭成员反对最后的决定——每个人都还觉得不错。独裁是让一个人做决定，而民主是要让大多数人做决定。对于那些家庭成员总在一起工作、生活和玩耍的家庭，这种方式可能不是太好用，因为要是某些家庭成员感到自己的意见没有被倾听，他可能会蓄意破坏家庭会议做出的决定。通过建立共识来做出的决定能够满足大多数人的需要。此外，这个过程还能促进有效交流、解决问题，以及帮助控制愤怒和冲突。

8.如果出现了广泛认同的意见,一定要确认这是大家的共识

“我刚才听到了一个意见,我们可以这样……有没有其他不同的意见?”如果有其他的意见,那就需要进一步讨论和商谈。

9.当讨论过于热烈而难以把控时,任何人都可以要求“暂停”

暂停大概需要花上15分钟,要是有需要,也可以花上任意长的时间。

10.用一个好玩的事情来结束会议,并且肯定大家今天的表现

赞美一项家庭传统、一杯爆米花和一个好看的电视节目,或者一个大家都喜欢的游戏都是不错的选择。

评价和调整。请注意,就像家庭成员始终在成长和变化一样,家庭会议的规则也需要不断地调整和改变。

如果孩子想做一件看起来似乎是错误的事情时,对这件事进行讨论要好过对孩子进行斥责或禁止他们去做。列举出那些他们可能小看了的后果,要是事情不是那么严重,对于孩子们来说,这也是一个让他们学习如何处理不良后果的机会,尤其是当家长作为一个教练而非惩罚者介入这件事时。如果孩子们自以为掌握了足够的信息因而能够对决定负责时,他们更倾向于学着做决定,当然,这样有好也有坏。这个时候就可以通过评估孩子们如何对解决问题负责,来看看你的家庭取得了什么样的进步。家人们彼此更亲近了吗?信任程度增加了吗?关注到那些虽然不明显却积极的进步能够鼓励大家继续努力。斯莱格尔(Slagle,1985)给如何召开家庭会议提供了一些有用的意见。

如果你的家庭成员不能够找到一个大家可以坐在一起的时间,可以尝试下面这些方法:比如你可以和配偶或者孩子单独商谈,讨论他们该如何做,以及哪些问题他们可以单独做决定而哪些问题需要大家一起做决定。停止时不时地讨论那些与所有家庭成员都有关系的决定,在日历上涂抹、做好日期标记,以及在跑步时聊天可能是在这种情况下你能选择的最好办法。

家庭会议能否成功的关键在于放松。想办法让你的家庭成员们能够驾驭家庭生活的起伏动荡,并在危机事件后仍能满血复活。要知道,懂得如何适应那些不可避免的变化的家人总是对婚姻和家庭生活有更高的满意度。

第六章
焦　虑

什么是焦虑

焦虑是一种广义的情绪状态,它可能由非特定的刺激所诱发。要注意的是,它和恐惧不同,后者是对感知到的威胁做出的适当的认知和情绪反应,而且伴随着特定的逃避或躲避行为。而焦虑本身与感到不可控制和无法逃避的情境有关。

另有观点将焦虑定义为"准备或预备试图应付即将到来的负面事件的一种面向未来的情绪状态"。朝向未来还是应对当下,这是焦虑与恐惧的最大区别。2011年,西尔沃斯(Sylvers)、利林费尔德(Lilienfeld)和纳普哈雷(Laprarie)在发表于《临床心理学回顾》这一杂志上的综述文献中,从四个方面将恐惧和焦虑区分开来,包括:(1)情绪经历的时间,(2)即时聚焦,(3)特定的威胁,(4)动机的方向。恐惧是短暂的,它关注当前,面向一个特定的威胁,并促使个体尽快逃离威胁;而焦虑是长期持续的,它着眼于未来,泛化关注于非特定的威胁,会使人们在接触潜在威胁时提高警惕。

心理学家戴维·H.巴卢在波士顿大学进行的一项研究(2002)表明:慢性焦虑患者有三个共同特点,分别是一般生物易感性、一般心理易感性和特定心理易感性。在说明大脑中的化学物质引发焦虑(尤其是来自遗传学的原因)的同时,这一研究强调补充了长期焦虑的父母会引起子女焦虑这一外源性因素。

患有焦虑症的人会过度担心、紧张、恐惧或不知所措。焦虑带来的痛苦会损害患者在生活的某些领域有良好表现的能力。焦虑症常伴有其他身体或精神障碍,比如惊恐发作——这是种没有真实危险的强烈恐惧和不适的状态。

问题的严重程度

每年约有4000万18岁以上美国成年人(约占总数的18%)受到焦虑症影响,使他们充满恐惧,感到茫然失措。与由一个压力事件(如约会或在大众面前发言)引发的相对温和、短暂的焦虑不同,焦虑症至少会持续半年,而且如果得不到治疗的话它会变得更糟糕。焦虑症通常与其他包括酗酒或滥用药物在内的精神障碍或身体疾病同时发生,这可能会掩盖焦虑症状或使情况变得更糟。在某些情况下,治疗焦虑症前需要先治疗这些疾病。

焦虑的症状

焦虑可能是潜在的健康问题(如慢性阻塞性肺疾病[COPD]、心脏衰竭或心律失常)的症状之一。异常的和病理性焦虑或恐惧本身可能构成医学上所说的"焦虑障碍",其19世纪末就被划分到了精神病学分类中,目前的精神病诊断标准归纳总结出了这一病症的几种特定表现形式。最近的调查发现,大概有18%的美国人具有一个或多个焦虑障碍的症状。

Zung氏焦虑自评量表、贝克焦虑表、汉密尔顿焦虑量表(HAM-A)等标准化的测量工具可以用来检测是否患有焦虑症,并且可以对焦虑症患者做一个标准化的诊断评估。汉密尔顿焦虑量表(HAM-A)通过14个因素来评测病人的焦虑程度,其中包括焦虑心境、紧张、害怕、失眠、抱怨和面谈中的行为等。

过度的焦虑如果不能及早治疗,会转变为广泛性焦虑障碍(generalized anxiety disorder,GAD),伴随夸大和极度的担忧、长期焦虑、喜怒无常、妄想等症状。广泛性焦虑障碍患者的焦虑念头和感受很难控制,会引发严重的心理问题,干扰正常的生活和工作。

精神疾病诊断与统计手册第四版(DSM-IV)包括广泛性焦虑症详细的诊断标准:由一定的应激源(比如工作或学习)引发的,患者在至少六个月内几乎每天都会经历慢性焦虑和过度担忧,并且会经历3个或3个以上的下列症状,包括:紧张、高度兴奋或坐立不安,容易疲劳,难以集中注意力或大脑中一片空白,易激惹、肌肉紧张、睡眠障碍(难以入眠或易醒,睡眠质量不好)。

如果青少年时期的慢性焦虑症状没有被发现,也没有进行治疗,那么在成年时它们发展为焦虑症的风险将大大增加,而且临床担心也与其他焦虑症状和抑郁症的合病症有关,因此及时治疗非常重要。

广泛性焦虑障碍可以通过以改变思维模式为目标的,减少与焦虑有关的行为的方法来进行治疗。认知行为治疗(cognitive behavioral therapy,CBT)和短期心理动力疗法(short-term psychodynamic psychotherapy,STPP)能够成功治疗广泛性焦虑障碍,并且在治疗后12个月都还能保持积极的效果。其他治疗计划应该与行为治疗结合使用,以大大减少广泛性焦虑障碍的致残症状。

焦虑可能既不是短期的"状态",也不是一种长期存在的"特征"。特质性焦虑反映了在应对威胁性刺激时的一种稳定倾向,这和个体神经质的人格特征密切相关,可能是有意识的也有可能是无意识的。

焦虑对个体的生理影响包括:心悸、心动过速、肌紧张或肌无力、疲劳、恶心、胸痛、呼吸急促、胃痛或头痛。当个体准备应对威胁,他们的心率、血压、出汗量和主要肌肉血流量就会增加,但同时免疫和消化功能会被抑制(即战斗或逃跑反应)。焦虑的外在表现还包括面色苍白、大汗淋漓、发抖和瞳孔扩张。患者也可能会产生恐惧和惊恐发作的主观体验。当然,虽然惊恐发作不是每个焦虑症患者都会有的症状,但它们确实较为常见。惊恐发作常常发生得毫无征兆,而且尽管患者的害怕听上去并不合理,但他们在主观上确实非常真切地感受到了危险,他们常会觉得自己快要死掉或者快要失去意识了。

焦虑带来的情绪影响包括:忧虑或恐惧的感觉、难以集中注意力、感到紧张或神经兮兮、觉得大事不妙、易怒、焦躁不安、总是疑神疑鬼。除此之外,还包括:大脑一片空白、噩梦、强迫的感觉和似曾相识的幻觉,患者还会觉得自己所有的感受都被阻滞了,或者感到任何东西看上去都那么吓人。

焦虑产生的认知影响包括:怀疑有危险存在,比如对死亡的恐惧。"你可能以为自己的胸痛是心脏病发作,或者以为头上枪伤引起的疼痛是因为长了个肿瘤。当你一想到死亡,你就会觉得非常害怕,或者想到它的时候远比想到其他东西的时候多,要不就是难以停止去思考这个问题。"

焦虑产生的行为影响包括:回避原来曾诱发过焦虑的那些情境,睡眠习惯改变为习惯性紧张以及像用脚尖打拍子这样的紧张性运动增加。

焦虑症有以下几种:

- 广泛性焦虑症(GAD)
- 社交恐惧症
- 强迫症(OCD)
- 创伤后应激障碍(PTSD)
- 恐慌症
- 特异性恐惧症
- 广场恐惧症

惊恐障碍是一种可以治好的疾病。它的特点是突然发作的恐惧,常伴有心悸、出汗、虚弱、头晕或眩晕。在这些情况下,惊恐障碍的人可能会感到脸红或间歇性发冷，他们的手会发麻，感到恶心、胸痛或无法呼吸。惊恐发作通常产生一种不真实的感觉，比如害怕大难临头或失去控制。

害怕自己无法解释的身体症状也是恐慌症的症状。患有恐慌症的人们有时觉得自己是心脏病发作了，正在失去意识或濒临死亡。惊恐发作的时间和地点都无法预测，因而在发作间隙很多人都感到提心吊胆，惶惶不安。

惊恐发作可能发生在任何时间，甚至在睡觉的时候也可能发生。一旦发作，通常在10分钟内就可以达到最高峰，但有些症状可能会持续更长一些时间。大约六百万的美国人受恐慌症影响，其中女性是男性的两倍。惊恐发作往往始于青春期后期或成年早期，但不是每个经历了惊恐发作的人都会患上惊恐障碍。很多人都只发作一次而再也不会发作，惊恐发作是否会发展成惊恐障碍可能与遗传有关。

有成熟、重复的惊恐发作的患者会因为他们的这种状态而变得非常无能，因此在他们开始逃避那些曾让他们经历了惊恐发作的地点或情形之前就应该寻求治疗。比如，如果惊恐发作发生在电梯里，恐慌症患者将会害怕电梯，这将影响到他们的工作或对公寓的选择，限制他们选择医疗帮助甚至娱乐休闲的地点。

一些人的生活会变得特别受限，他们逃避各种正常的活动，比如购物或开车。有三分之一的人只在家中活动，或只有在伴侣、其他可信的人陪伴下才能够面对那些让自己害怕的情景。症状严重者会发展为广场恐惧症或害怕所有开放的空间。

早期治疗可以预防广场恐惧症，但是有些恐慌症患者有时还没有得到确切诊断，就不断更换医生，在急诊室里进进出出。这是非常不妙的，因为惊恐障碍其实是所有焦虑症中最容易治好的，已有大多数个案证明，一定的药物和心理认知治疗手段可以改善引起患者恐惧和焦虑的思维模式。

强迫症患者(OCD)具有持续的扰乱的思维(困扰)，使用某种强迫性的行为来控制这些想法产生的焦虑。大多数时候，这些强迫性的行为可以控制住焦虑。比如，如果人们被细菌或脏东西困扰，他们可能会强迫自己一遍又一遍地洗手;如果他们总是想着会有不速之客,他们可能会强迫自己在睡前一次次地锁门;害怕在众人面前尴尬的人会不断地梳头发、照镜子,像被镜子施了定身术,无法从镜子前离开。这些行为并不会让人感到舒服,它们最多只能暂时缓解由强迫思维产生的焦虑。

其他常见的强迫行为有:需要反复检查、触摸东西(尤其采用特定顺序)或数数。一些强迫观念包括频繁的暴力念头,想伤害亲人,持续地想和并不喜欢的人进行性行为,或者不停出现那些被宗教信仰禁止的念头。强迫症患者也可能对秩序和整洁吹毛求疵,不是难以舍弃一些物品(所以它们越积越多),就是囤积那些不必要的东西。

正常人也会有强迫性的行为,比如在离开房子前多次检查炉子有没有关好。与正常人的这种行为不同的是,强迫症患者的行为干扰了他们的正常生活,并且让他们觉得非常苦恼。尽管大多数患有强迫症的人都认识到他们的所作所为毫无意义,但是还是有一些成年患者和大多数儿童并没有意识到自己的行为是不正常的。

大约220万美国成年人受到强迫症影响,这个病症可能伴有进食障碍以及其他类型的焦虑症,也可能伴随抑郁症。它在男性和女性中发病的数量大致相等,通常出现在儿童期、青春期或成年早期。三分之一的成年患者在幼年就有症状表现,而且研究表明,强迫症可能会因为家族遗传。

强迫症的过程多样,症状可能反反复复,或随着时间的推移而缓解,或变得更糟。如果症状变得严重,它可以影响一个人的工作和正常的家庭生活。强迫症患者可能会通过逃避引发强迫念头和行为的环境,或使用酒精或药物让自己平静的办法,来帮助自己逃离病症的折磨。

强迫症通常能够对以药物或以暴露疗法为基础的心理治疗产生良好的反应。暴露心理治疗时,患者将面对引起恐惧或焦虑的场景,最终会对其变得不太敏感(脱敏)从而达到治疗的目的。因为现有疗法对某些患者没有产生好的效果所以国立精神卫生研究所(NIMH)支持组合和强化(附加)治疗,以及使用脑深部刺激等现代技术的新方法进行治疗研究。

社交恐惧症，也称为社交焦虑症，其特征是人们在日常社交场合中有不可抑制的焦虑和感到极度的难为情。社交恐惧症患者对出现在其他人的视线里、被他们评价和可能做些让自己尴尬的事情有一种强烈、持久和习惯性的害怕。他们在这种“可怕的情况”出现前担心数天或数周之久，而且这种担心可能会变得非常严重，会干扰患者的工作、学习和其他日常活动，还会使他们难以交到朋友，维持友情。

尽管有很多社交恐惧症患者意识到这种担忧过度了，或者根本不合理，但就是没有办法战胜它们。即使他们努力面对自己的恐惧并与其他人在一起，但在没有与别人碰面前就感到极度焦虑，而且在整个会面过程中觉得非常不舒服，总是担心着自己事后会怎么样被别人评头论足。

社交恐惧症可能局限于一个情境（比如与人交谈、吃东西或喝饮料，或者在别人面前往黑板上写字），也可能是泛化到所有情境（如广泛性社交恐惧症），凡是与人（除了家人以外的其他人）交往的场景都会让他们感到焦虑。社交恐惧症身体症状主要有：脸红、大量出汗、颤抖、恶心、说话困难。当出现这些症状时，社交恐惧症患者感觉好像全世界的目光都集中在了他们身上似的。

大约1500万美国成年人受社交恐惧症困扰，男女患上这种疾病的概率一样，而且最早症状通常出现在童年或青春期早期。有证据表明这一疾病与遗传有关。社交恐惧症常伴有其他焦虑症或抑郁症，也可能由于人们试图自己治疗焦虑而出现物质滥用。某些心理疗法或药物能成功治愈社交恐惧症。

特异性恐惧症是对影响很小或根本不存在的威胁产生的一种强烈的、非理性的恐惧。常见的特异性恐惧症包括恐高、害怕自动扶梯、隧道、在高速公路上开车、四周封闭的场所、水、飞行、狗、蜘蛛和出血损伤。他们可能轻轻松松地在世界最高峰上滑雪，却去不了办公楼的五楼。成年患者可以认识到这些害怕完全不合理，但他们往往会发现，面对这些让他们害怕的对象或场景，有时甚至只是想想就会使他们产生惊恐反应或严重的焦虑。

大约有1920万美国成年人受到这种病症的影响，其中女性人数是男性的两倍。它们通常出现在儿童期或青春期，而且往往持续到成年。特异性恐惧症的发病原因尚不清楚，但有证据表明它有家族传递的趋势。

如果担心的情境或害怕的对象很容易避免，特异性恐惧症患者可能不会寻求帮助，但如果避免这些对象会干扰自己的职业生涯和个人生活，使自己变得失能，他们就会想方设法寻求治疗。他们对有针对性的心理治疗有良好的反应。

广泛性焦虑症患者整日惶惶不安，他们的生活里充满了过于夸大的担忧和紧张，即使只有很少的线索或根本没有什么东西可以引发这些担忧和紧张。他们总是杞人忧天，过于担心健康、财务或家庭、工作问题。有时仅仅是想想这一天怎么过都会让他们感到焦虑。

如果一个人过分担心日常琐事的情况持续六个月以上，他/她就可能被诊断为广泛性焦虑症。泛化焦虑症患者似乎无法摆脱他们的担忧，尽管他们通常意识到这种焦虑的程度已经超过了正常范围。他们不能放松、容易受到惊吓并且注意力无法集中。他们往往难以入睡或睡得不久，往往伴随有疲劳、头痛、肌肉紧张、肌肉酸痛、吞咽困难、颤抖、抽搐、烦躁不安、出汗、恶心、头晕、尿频、潮热和呼吸急迫等身体症状。

当焦虑水平不高时，泛化焦虑患者可以从事正常的社会活动，也能正常工作。但是如果症状严重，患者无法逃避那些会引发焦虑的特定场景，他们就会连最简单的日常活动都无法进行。

大约有680万美国成年人受到广泛性焦虑症的影响，其中女性人数是男性的两倍。该疾病可能在任何年龄段产生并发展，但风险最高的年龄段是童年和中年期。有证据表明，基因在该病症中扮演了一定的角色。

广泛性焦虑症往往会伴随其他类型的焦虑症、抑郁症或物质滥用，它几乎不会单独发生。治疗这种病症一般采用药物治疗或认知行为疗法（CBT），但对上述并发的情形也必须采用适当的方法进行治疗。

可选的治疗方法

焦虑症的治疗方式大致包括药物或临床治疗，这两种治疗都是有效的。将两者结合也是有效的。选择何种治疗方案取决于你的需求和临床表现，你可以与熟悉你的病情、了解你的健康状况的专业医生讨论你的治疗方案。补充和替代疗法是传统药物治疗以外的健康护理方法，并得到了越来越多的科学证明。

向医生或者治疗师咨询以得到合理的诊断，寻找有关治疗选择的信息，了解治疗周期、副作用、所需治疗时间和其他健康问题等做法，将有助于制订一个适合你的最佳治疗方案。

一般来说，单独或合并使用药物治疗和特定类型的心理治疗能够治疗焦虑症。选择何种治疗方案主要取决于问题的严重程度和病人的临床表现。在开始治疗之前，医生必须做一个详细的诊断评估，确认病人的临床表现是由焦虑症造成的还是由于身体出现了问题。如果最终诊断为焦虑症，症状的类型或者伴随这种病症一起出现的其他问题也需要得到确诊，比如抑郁症或物质滥用。有时由于酗酒、抑郁症或其他共病会对个体有很强烈的影响，所以在治疗焦虑症前必须首先要控制住这些影响。

已经接受过治疗的焦虑症患者应该详尽地告诉医生有关治疗的一切细节。如果他们接受了药物治疗，他们应该告诉医生使用了哪种药物治疗，在治疗初期使用的剂量是多少，在治疗过程中剂量是否有增加或减少，是否有不良反应以及治疗是否有效等。如果他们接受了某种心理治疗，他们应该向医生说明治疗的类型，参与治疗的频率以及这种治疗的效果如何。

患者们常常会觉得他们的病治不好，他们会在没有足够的治疗时间或没有正确地实施治疗的情况下就认为某种疗法对他们不起作用。有时在找到对他们有作用的疗法前，医生必须尝试不同的治疗方法或者使用各种疗法的组合。

药物治疗

药物治疗不能治愈焦虑症，但它能够让患者在接受心理治疗时使焦虑状况得到控制。要使用药物治疗必须由内科医生，通常是精神科医生开出处方，这些精神科医生可以自己单独也可以与心理学家、社会工作者、咨询师联合组成团队为患者提供心理治疗。用于焦虑症治疗的主要药物包括抗抑郁和抗焦虑类药物，以及控制某些身体症状的β受体阻滞剂。通过治疗，焦虑症患者可以重新恢复正常，获得满意的人生。

抗抑郁类药物

抗抑郁类药物原本用于治疗抑郁症，但它对治疗焦虑症也有效果。尽管此类药物在最开始服用时就改变了大脑的化学结构，但要完全发挥其作用还需要有一系列的变化，因此大约需要4至6个星期才能看到临床症状开始消失。长期连续服药是保证它们能够起作用的重要条件。

5-羟色胺再摄取抑制剂（SSRIs）

一些最新的抗抑郁药被称为可选择5-羟色胺再摄取抑制剂。5-羟色胺再摄取抑制剂改变了神经递质5-羟色胺在大脑中的水平，它和其他神经递质一样，可以促进脑细胞之间的通讯。

氟西汀、舍曲林、艾司西酞普兰、帕罗西汀和西酞普兰都是SSRIs普通处方药，用于治疗惊恐障碍、强迫症、创伤后应激障碍和社交恐惧症。抗抑郁类药物也常用于治疗与强迫症、社交恐惧症和抑郁症合并发作的惊恐障碍。万拉法新—— 一种与抗抑郁类药物非常类似的药物可以用来治疗广泛性焦虑症。这些药在刚开始使用都是采用小剂量，其后才会逐级加大剂量，直到有良好的治疗效果出现。

5-羟色胺再摄取抑制剂类药物比一些传统的抗抑郁药物的副作用更小，不过有些患者初次服用时会有轻微的恶心和神经过敏症状，这些症状会随着时间的推移而逐渐消失。还有一些患者服用5-羟色胺再摄取抑制剂后可能会出现性功能障碍，如果出现这种情况，可以改变药物剂量或者让患者改服其他的5-羟色胺再摄取抑制剂类药物。

三环类抗抑郁药

三环类抗抑郁药比5-羟色胺再摄取抑制剂出现的历史要早，除了强迫症外，对其他焦虑症的疗效和5-羟色胺再摄取抑制剂一样好。这种药在使用初期也是采用小剂量,然后再慢慢加大剂量。这种药有时会引起头晕、困倦、口干和体重增加,遇到这种情况时可以调整患者服药剂量或是换用其他三环类抗抑郁药。

三环类抗抑郁药包括丙咪嗪和氯丙咪嗪,前者是惊恐障碍和广泛性焦虑症的处方药,后者是所有抗抑郁类药物中唯一一种对治疗强迫症有用的药物。

单胺氧化酶抑制剂(MAOIs)

单胺氧化酶抑制剂(MAOIs)是最早的经典抗抑郁药物,此类药物中最普通的用来治疗抑郁症的是苯乙肼,其次是反苯环丙胺和异卡波肼,它们能有效地治疗惊恐障碍和社交恐惧症。服用这些药时不能食用一些含有酪胺的食物或饮料(包括奶酪或者红酒),或可能与单胺氧化酶抑制剂互相作用导致血压异常升高的药物,比如避孕药和止痛药(Advi,Motrin,Tyeno)、感冒药、治疗过敏的药物和某些草本药物。不过,现在有种新型的、可贴在皮肤上的单胺氧化酶抑制剂类药物可以减少这种危险。单胺氧化酶抑制剂还可以与5-羟色胺再摄取抑制剂类药物发生反应,产生被称为"血清素综合征"的严重后果,出现精神错乱、幻觉、多汗、肌肉僵硬、抽搐、血压变化或心脏节律改变以及其他可能危及生命的情况。

抗焦虑药

强效苯二氮革类能够对治疗焦虑有效,不过也有包括嗜睡在内的一些副作用。因为它有耐药性,所以这个药物一般都是短期处方,尤其是对那些有使用毒品或酒精和容易依赖药物的人。不过惊恐障碍患者是例外,他们可以使用苯二氮革类长达一年,而不会有任何伤害。

氯硝西泮用于社交恐惧症和广泛性焦虑症,劳拉西泮可以治疗惊恐障碍,而阿普唑仑(Xanax®)对惊恐障碍和广泛性焦虑症都有效果。如果突然停止服用苯二氮革类而不是逐渐减少服用剂量,有些人会出现戒断反应,而且一旦停止服药,焦虑就会马上复发。这些潜在问题使一些临床医生不愿意使用这些药物,或只用不充分的剂量。

丁螺环酮(Buspar®)是一种新的用于治疗广泛性焦虑症的抗焦虑药物,它可能产生包括头晕、头痛和恶心在内的副作用。与苯二氮䓬类药物不同,此类药物必须持续使用至少两周才能达到抗焦虑的效果。

β受体阻滞剂

β受体阻滞剂(比如普萘洛尔)用于治疗心脏问题,它能够防止与某些焦虑症特别是社交恐怖症一起出现的生理症状。当一个可能使患者感到害怕的情况将要发生时(如在仪式上致辞),医生可能会开出β受体阻滞剂,使那些与患者的焦虑病症相联系的身体症状能够处于控制之中。

心理治疗

心理治疗主要是与精神科医生、心理学家、社会工作者和咨询师这样的受过专业训练的精神健康专家谈话,以发现导致焦虑症的原因和如何处理其症状。

认知行为疗法(cognitive behavioral therapy,CBT)

认知行为疗法治疗焦虑症非常有用,其中有关认知的部分主要是帮助人们改变让他们恐惧的思维模式,有关行为的部分帮助人们改变他们在面对令人焦虑的情况时做出反应的方式。举个例子来说,认知行为疗法可以帮助惊恐障碍患者认识到他们的恐慌不是心脏病发作的症状,帮助社交恐惧症患者克服那种以为别人总是在观察和判断他们的想法。当人们准备好面对自己的恐惧时,认知行为疗法还能够通过使用暴露技术让他们对那些会引发焦虑的情境不再敏感。

治疗师让那些害怕污垢和细菌的强迫症患者弄脏自己的手,同时故意不让他们马上洗手。在等待洗手的时间里,治疗师帮助患者处理焦虑。这样的练习多做一次,焦虑就会减少一分。治疗师还会鼓励社交恐惧症患者花时间投身于他们害怕的社交场合,不要想着逃离,并且故意犯一些小小的社交错误,再看看他人会如何反应。实际上别人的反应通常远远不及患者担忧的那样吓人,所以他们的焦虑就会慢慢减弱。治疗创伤后应激障碍症患者,可通过在一个安全的情况下让他们回忆创伤事件的方式帮助他们减少恐惧,同时治疗师还会教患者学习深呼吸和其他类型的放松训练来缓解焦虑。

建立在暴露疗法基础上的行为疗法已在治疗特定恐惧症上应用多年。该疗法让患者逐级接触他们害怕的事物或场景，也许一开始是通过图片或者磁带接触刺激对象，然后再面对面接触。治疗师常常会与患者一起进入令他们害怕的情境以提供支持和指导。

当患者已经准备好要接受治疗，治疗师在取得他们的许可和合作后就可以进行认知行为疗法治疗了。这一疗法必须针对患者所恐惧的东西，并且必须适合于他或她的需要才能发挥应有的作用。而且，认知行为疗法完全没有副作用，只有短暂焦虑带来的不适。

认知行为疗法或行为治疗通常持续约十二个星期。它可以单独使用，也可以用于有同样问题的人群的团体治疗，团体治疗对社交恐惧症特别有效，通常在每次治疗期间，还会要求参与者完成“家庭作业”。有证据表明，在治疗惊恐障碍患者时，认知行为疗法比药物治疗的效果更持久，在治疗强迫症、创伤后应激障碍和社交恐惧症患者时也是一样。而且如果后来病症复发了，相同的疗法可再次成功地治愈它。药物可以与心理治疗相结合来治疗特定的焦虑症，对很多人来说是最好的治疗方法。

如果你认为你有焦虑症，你应该首先跟你的家人或退伍军人事务部的医生聊聊这个问题。医生可以判断这些症状是因为焦虑症还是别的医疗问题，或者两者兼有。如果确诊为焦虑症，接下来你应该去寻求心理健康方面的专业帮助。这方面的治疗师一般都接受过认知行为疗法或其他行为治疗培训，而且他们对在必要情况下使用处方药保持开放的态度，所以他们对治疗焦虑症会很有帮助。在跟他们聊天时你应该会感到很舒服，但如果你没有这种感觉，那么你最好换个治疗师。如果你找到一个让你感到很舒服的治疗师，你们应该作为一个团队，为治愈你的焦虑症而制订计划、共同努力。

请记住，一旦你开始服药，千万不要突然停药。只有在医生的指导下，或是因为发生了严重的不良反应才能停止使用药物，在停药前你必须向开药的医生咨询。如果出现了药物副作用方面的问题，可以通过调整用药量和用药时间来解决。

包括健康维护组织(HMOs)在内的大多数保险计划都包含了焦虑症,你可以与保险公司核实并确认。如果你没有保险,你所在地区的政府的卫生和公共服务部门会通过公共心理卫生中心,按照你可以负担的费用提供相关治疗服务。如果你需要社会救济,可以通过你的国家医疗补助计划来获得治疗。

服 药

在服用治疗焦虑症的药物前:

- 向医生咨询这种药的效果和副作用情况。
- 告诉医生你正在使用何种替代疗法或非处方药。
- 询问医生什么时候以及何种情况下应该停止用药。有些药物不能突然停止,必须在医生的监督下逐渐减少使用剂量。
- 与你的医生一起确定应该使用哪些药物和何种剂量。
- 请注意,有些药物只有在规律服用时才是有效的,如果停止用药,可能会重新出现症状。

治疗过程中亲友可以做些什么

加入自助或支持小组,与他人分享自己的问题和治疗中取得的进步对于很多焦虑症患者来说都是有用的。网络聊天室在这方面也可能有用,只是通过互联网接收到的任何意见你都要谨慎处理,因为网上使用假身份的现象较常见,所以你并不知道与你相熟的这个网上的熟人是不是真的靠谱。与神职人员或信任的朋友谈话也可以获得帮助,但它不能代替一个精神健康专业人士的治疗。

压力管理技巧和冥想可以帮助焦虑症患者平心静气,提高治疗效果。有初步证据表明,有氧运动也有镇静作用。因为咖啡因、一些违禁药物和非处方感冒药可能会加重焦虑症症状,所以应当避免使用它们。在服用任何其他药物之前,请咨询您的医生或药剂师。

家庭对焦虑症患者的康复非常重要。理想情况下,家人应该起到支持作用,而不是使患者的症状绵延相续,一直得不到恢复。家人切不可小看这种疾病,也不要以为这种疾病可以不治而愈。要是你的家人有这些情况,你可以把这章内容给他们看,让他们长些知识,这样他们就可以成为帮助你成功战胜焦虑症的盟友。

可用的资源

访问美国国家医学数据库:www.nm.nih.gov/medinepus

西班牙语页面:www.medinepus.gov/Spanish

第七章 悲 伤

什么是悲伤

悲伤是应对丧失的一种正常而自然的反应，也是之后恢复过程中非常自然而必要的一环。人们通常会在痛失爱人的时候感到悲伤，但也会在失去珍爱之物时感到悲伤。

人在悲伤时的反应常常出乎意料。比如，惊闻爱人逝世之时，人们也许会感到震惊、呼天抢地，会对自己、亡人或某个造成爱人死亡的人感到愤怒，也会因为在死者去世之前没有为其做些什么而感到内疚。

重大损失或死亡可能会给生活带来很大的甚至是深远的影响和变化，比如要独自抚养孩子，离婚后要适应单身生活，或者重新开始工作。经历这些变化的人们可能会倍感压力，因此寻求他人帮助十分重要，人们可以通过与心理咨询师、牧师等精神顾问或家人、朋友、医生等交谈来获得他们的支持与帮助。

损失包括如下几种：

- 离婚或断绝关系
- 爱人去世
- 战友、同事去世
- 宠物丢弃或死亡
- 丧失安全感
- 丧失生活目标和动力
- 丧失生理健康或生理器官
- 丧失与他人沟通交往的能力
- 丧失自我意识
- 丧失自尊

常见的由损失及悲伤造成的想法、感受和反应包括：

- 拒绝一切
- 怀疑和不信任
- 困惑
- 震惊
- 伤感
- 渴望和向往
- 愤怒
- 羞耻
- 失望
- 内疚
- 后悔
- 感觉空洞和沮丧
- 与他人交往十分困难
- 哀莫大于心死

- 对未来感到迷茫
- 万事皆浮云
- 容易落泪
- 感觉不安或易怒
- 反胃、头疼或其他疼痛
- 现有的疾病变得更严重或患上新的疾病
- 食欲不振
- 失眠或多眠
- 乏力

悲伤会持续多久

每个人的悲伤期都不同，有长有短。人们的性格、家庭、文化背景、精神境界、宗教信仰以及实践活动都会影响其对丧失的反应。有时可能需要数月之久，痛苦才会渐渐褪去。悲伤有自己的时限，但随着时间流逝，痛苦会逐渐消退。悲伤的人会过着一种悲喜交织的日子，而且悲伤突然卷土重来也是很正常的，这是经历悲伤过程的一部分。重要的日子比如纪念日或生日，强烈的悲痛会从天而降。

人在悲伤时通常会有伤心和其他由丧失造成的感受，还会与他人谈论自己的丧失。然而有时，人们觉得悲伤的日子很难熬是因为：

他们太难过而没有处理好自己悲伤的情绪；

他们从小就被灌输“永远不应该伤心”和“哭泣是小孩的专利”之类的观念；

他们认为多愁善感是软弱的表现，或者悲伤只有在葬礼上才能被接受；

家人和朋友告诉他们：“你应该坚强起来继续你的生活。”

这些错误的观念阻止了悲伤自然开始、自然结束的过程，并且可能会导致更激烈的悲伤，而到那时，人们就更难以从悲伤中恢复过来。

悲伤的前期征兆

前期有一些征兆预示着某人可能正在经受强烈的悲伤并且急需帮助。忽略这些征兆可能会让悲伤持续更久或让整个过程更痛苦更难熬。有一些专业人士可以帮助他们。如有下列任一情形，我们建议立刻联系专业人士：

①想到或计划自杀或自残；

②几天之后，悲伤反应仍然妨碍日常生活，如吃饭洗澡；

③寻找分散精力的事来避免悲伤，比如：

不谈及丧失；

对自己遭受丧失之后的想法和感受不坦诚；

不谈论也不想与丧失有关的回忆；

遭受丧失后的几周甚至几个月还不能自主行动；

不能继续工作、上学或履行家庭责任。

处理悲伤情绪

经历和接受悲伤是很困难的，但若不处理悲伤情绪，可能会导致抑郁。用积极健康的办法处理悲伤情绪能够防止事情恶化。这里有一些能让悲伤自然结束从而避免抑郁的办法：

人们在悲伤时可能会对自己很严厉。然而事实上，感到悲伤其实是很正常的，痛失爱人时，悲伤甚至需要勇气。

耐心点。悲伤需要时间，一开始可能并未感觉到它，但渐渐地，伤痛会平复，进行日常活动就会变得容易一些。

参加互助会，与他人分享自己的故事。花些时间和与自己有相似经历的人相处通常会很有帮助。

寻求他人帮助，比如家人、朋友、牧师或其他精神顾问。

如果悲伤一直持续的话，寻求心理咨询师、社会工作者或医生的专业咨询。

即使你觉得很难开口寻求帮助，但要知道没有人必须独自承担。否则你会很容易感到孤独，会认为除了自己再没有别人经历过这样的丧失了。但实际上，别人经常会有相同或相似的经历，也可能会有同样的想法，或正在处理同样的问题。

大胆说出自己的感受，即使这让你感到不快。但这是克服悲伤至关重要的一步。心理健康专家可以提供私密安全的场所让你说出自己的悲伤，然后给予你帮助。

相关研究

虽然关于退伍军人悲伤的发生率和症状强度的调查研究十分有限，但临床医生意识到研究退伍军人们因战友牺牲而悲伤的重要性。悲伤的症状包括伤心、渴望、思念死者、不接受死亡事实、认为死亡不公、愤怒、感到惊讶、迷茫、震惊、内心空落落的、脑海充斥着逝者的音容笑貌、丧失兴趣、不信任他人、社交障碍、想到死亡时感到内疚。近期研究结果虽然只局限于一个在疗养院接受创伤后应激障碍治疗的越战退伍军人的案例，但这些研究结果支持了大部分有关居丧的文献的观点，即未经疏导的悲伤可以被看作一种区别于抑郁症和焦虑症的窘迫综合征。在这个退伍军人的案例中，悲伤处于一种高强度状态，战后30年还未恢复。30年后悲伤的强度与多数丧亲案例中人们丧失配偶或父母6个月后的强度十分相似。这支持了临床观察中的发现，即未经疏导的悲伤如果得不到治疗，会继续加重并且会增加退伍军人的精神压力。这种独特的强烈的悲伤在治疗计划中需要临床上的特别关注。

依恋和亲密联结对集体凝聚力至关重要

许多退伍军人认为，与集体成员的亲密关系是他们这一生中最亲近的关系。在越战时，士兵们根据个人的任务不同，在各个集体中轮转。然而，战后退伍军人中同时有创伤后应激障碍和居丧的比例非常高。在伊拉克战争中，年轻的后勤人员和后备军人在训练和行动时一直留在自己的集体中。互相信任和尊重的程度、集体凝聚力和情感联结都在这些经历中得到加深。集体的依恋和情感的联结可能会对创伤后应激障碍的持续发展起到保护作用。与此同时，如果居丧的伤痛没能被承认和接受，也没能够得到及时的治疗，那这些伤痛将会愈演愈烈，持续一生。

创伤性悲伤

创伤性悲伤指的是突然失去了一种重要的、亲密的感情依赖。有一个十分亲密的伙伴，认同集体中作战人员的身份，经历了多重丧失，是上述越战退伍军人的悲伤症状的最有力的征兆。其他导致延长性悲伤症候群的因素包括：幸存者的内疚感，由于没能阻止死亡而产生的无力感，对其他被认为是造成死亡的人的愤怒，由于自己明知故犯的错误造成死亡而对自己的愤怒，在战争中力求能够幸存下来而没顾得上悲伤，不能表现出情感上的脆弱，对势不可挡的感情的麻木和抵制，没能有机会在战场上对死者表示感谢和由于看见某个亲密的人被杀而产生的越来越强烈的脆弱感。在伊拉克战争中的重要的因素包括看到惨重的平民伤亡，看到在大规模快速行军中由于友军误伤或意外而导致的死亡，和担心过失而造成城市中平民伤亡。这些因素可能会造成震惊、不信任和自责，继而增加创伤和过度悲伤反应的风险。

能够影响高强度悲伤发展的经历：我们从越战中学到了什么

战争时，情感依恋的失去，既突然又多种多样。参战人员可能会一直处于自责之中，即使这些事情他们无法掌控，比如混战、意外、设备故障、伤员分诊和友军误伤所造成的死亡。从越南回来的步兵一遍又一遍地回想自己的错误，或许是为了寻找一些减轻痛苦和内疚的方法。当许多越战中的军医没能挽救自己集体中的成员时，尤其是那些他们十分认同的人时，他们会感到十分痛苦。当被要求对靠近我方部队的阵地开火的飞行员发现他们误伤了我方战斗人员他们会感到十分内疚，即使他们同时拯救了大部分人。军官们认为对自己的下属有特殊的责任，当战争惨烈时，他们就会遭受过分的内疚和悲伤。那些与平民密切合作的人在亲眼看见他们互相信任的人的死亡之后会感到万分震惊。妇女和儿童的死亡尤其难以接受。

许多这些相似的经历都会影响在伊拉克的军队。

正常的悲伤和病理性悲伤

居丧是极为普遍的一种经历。一些非常强烈的感情波动，包括伤心、渴望、愤怒和内疚，都是对居丧的反应。在悲伤的前几天或前几周，最普遍的反应就是强烈的感情波动，通常是波浪式地来袭，每次持续20分钟到1小时，伴随着胃部的躯体感觉、喉咙发紧、呼吸短促、极度疲乏、晕眩、焦虑和无助感。缺乏动力，对室外活动缺乏兴趣还有远离社交活动也都是很常见的。一个正在经历悲伤的人的症状会逐渐减轻。当两个月后如果悲伤还维持在一个令人不舒服的程度，就可以考虑去看医生了。如果强烈的悲伤持续了六个月之久，就可以诊断为重度悲伤，并且需要临床治疗了。重度且持续的悲伤对身体健康、社交和心理健康都有负面影响。

急性创伤性悲伤

创伤事件的幸存者会经历急性的症状,包括强烈焦虑、自责、极度危险行为、自杀倾向和愤怒的突然爆发,这些症状会叠加在正常的居丧症状之上。在战争中失去战友的战斗人员会竭尽全力拯救他们的战友或把其遗体带回,有些人会不假思索地冒着生命危险对敌人施以报复(所谓的"发狂"或"杀红了眼")。有些人撤退了,变成独来独往的人,几乎不交朋友;有些人对这些事和那些把他们卷进这场漩涡的人们极度愤怒;有些人则更愿意掩饰自己的感情。任何脆弱或失去的迹象都能表明他们并没有坚强到可以承受战争。延迟的悲伤可能推迟了问题,这些问题在几周、几个月或几年之后变成了慢性的症状。战后的那些患创伤后应激障碍和(或)抑郁症的退伍军人可能会掩饰自己的悲伤。

对战后退伍军人的急性悲伤的评估与治疗

临床判断在决定何时、怎样治疗急性悲伤时是非常必要的,尤其是当急性悲伤还伴随着急性应激障碍时。包含了暴露治疗法的认知行为治疗方案可以防止患有急性应激障碍的人患创伤后应激障碍,与此不同,在悲伤早期的暴露治疗法通常会被禁用,因为这可能会给刚刚丧失亲人的患者带来巨大的情感压力。居丧的研究人员通常也不会在患者失去亲人的开始几个月就实施治疗,因为他们不想干扰正常的恢复过程。在悲伤的早期阶段,症状通常十分明显,但在开始几天几周甚至几个月之内都是非常正常的。那些经历了战后创伤的人极有可能会掩饰自己的伤心、痛苦、脆弱、焦虑、愤怒和内疚。平衡其他的创伤经历可能会觉得承受不住。因此正确评估并且尊重每个士兵控制情绪的能力是很重要的。一个士兵如果知道别人能够理解他/她失去战友的感受或亲眼看见过战场上的平民死亡或大规模死亡的话,他/她会感到些许释然,而与医生交流或许是直面痛苦的第一步。然而,这个士兵也许并未做好准备去深入挖掘自己的内心和情感。所以评估阶段的护理和耐心还有初始治疗都是非常重要的。

在急性悲伤阶段的治疗方法最好包括承认亲友过世,与他人交流自己的感受，回忆与逝者一起度过的快乐时光，认可幸存者试图帮助逝者的好意，了解更多关于悲伤的知识，用暂时缓和的方式帮助自己放松和分散精力。在治疗早期阶段，应该首先治疗类似于紊乱并发症等创伤后应激障碍和抑郁症的症状，除非丧亲本身就是抑郁的源头所在。

对退伍军人的并发性悲伤的评估

悲伤的症状包括伤心、沮丧、内疚、愤怒、激进的想法和对于死亡先入为主的偏见，这些症状应该会在六个月后逐渐消退，这是正常的恢复过程。如果在六个月后这些症状仍旧非常明显，就应该采取临床措施了。有几种工具对评估并发性悲伤很有帮助。《并发性悲伤量表（修订版）》是最广泛使用的方法，并且反映了目前对于居丧的研究成果。另一种工具是《德克萨斯悲伤量表（修订版）》，这种工具在许多人身上使用过并且得到证实。这两种工具都把正常人作为参考对象。

对退伍军人的并发性悲伤的治疗

目前还没有研究对战后退伍军人延续性和并发性悲伤的治疗得出有效的结论。临床经验认为对正常和并发性悲伤发病过程和对内疚认知过程的教育十分重要，另外，更正可能造成过度内疚的认知扭曲，重视居丧引起的愤怒的作用，修复有关逝者的积极回忆，承认并重拾对逝者的关怀之情，开始适应并积极面对，给别人讲述有关逝者的故事等都是恢复过程中非常重要的部分。这些做法可以在个人治疗或仅限少数人的群体治疗中推行。

不论用什么方法，治疗退伍军人延长性和并发性悲伤的关键在于意识到他们损失的重要性，提供机会让他们开口说话，讲述与逝者有关的事，更正他们感到内疚的扭曲的想法，承认自己的痛苦。非常关键的一点是居丧和损失应该区别于创伤后应激综合征和抑郁症单独治疗，力求恢复得更全面。

帮助在战争中失去亲人的儿童

军事行动结束之后的家庭团聚是孩子或父母最盼望的事。然而，对于一些孩子来说，这种家庭团聚再也不会有了，这些孩子必须要面对父母的牺牲。

通常我们根本不知道该说些什么来安慰孩子，也不知道该如何解释。但其他家庭成员、成年人和社区可以帮助在战争中牺牲了父母的儿童。下面是一些建议，可以帮助抚慰儿童心中的伤痛，帮助他们适应和恢复：

• 诚实、敞开心扉。所有的孩子都需要适应他们的年龄能够接受的信息。用清晰明确的语言有可能反而会迷惑孩子，比如用“死亡”而不是一些委婉语（如“损失”或“长眠”）。顺从孩子的引导和需要来解释事情的真相。不要只和孩子进行一次谈话，要让孩子问问题，和他们讨论。

• 给孩子安全感。在孩子经历巨变时，保持原来的日常活动，从而抚慰身心。这可以通过一些很简单的活动完成，比如，继续孩子的课后活动，按时上床睡觉。

• 做一名侦探。注意孩子与他人交流的方式及内容。孩子们的举动通常会显示出他们的感受和想法。退一步说，问他们一些恰当的问题，倾听他们的回答，然后分析他们的感情。

• 支持孩子表达自己的感受。画画、写作、玩耍或读书都能够帮助孩子学习和表达自己的感受。让他们明白，他们的任何感受都能被理解和接受，帮助他们找到健康的方式发泄。

• 做孩子的榜样。孩子们会把照顾他们的人视作榜样，跟他们学习该如何应对悲伤。成年人完全可以表现出情感波动，只要他们不失控，不吓到孩子。成年人用健康的方式表达悲伤可以给孩子立下榜样，比如，你可以说：“我哭泣是因为我为你爸爸错过了你的足球赛而感到伤心，如果你很想念他，你也可以哭出来。”

• 帮助孩子们了解逝去之人。给孩子们讲有关逝去之人的故事，给他们看照片，都能够让逝去之人永远活在孩子的心中，让他成为孩子人生的一部分。

比如,你可以说:“即使你爸爸去世了,我们仍然记得那次海滩度假时我们在一起有多快乐。”

• 让孩子关注除悲伤之外的事情。记住,孩子仍然需要继续生活下去。注意孩子成长过程中会经历的其他重要的事情,比如同龄人的压力,课后作业压力,这些也许不会与逝去之人有关。悲伤可能会导致孩子更难以克服这些困难,比如,英年早逝的父亲可能永远不能教他开车。

• 与其他孩子可以信赖的成年人合作。告诉别人关于你孩子的悲伤,与他们合作帮助你的孩子,比如,给老师或教练一些反馈,并接受他们的反馈。

• 寻找同龄人的帮助。孩子和照顾孩子的人都能从那些知道发生了什么事的人身上受益。有些能够从混合了军属家庭和非军属家庭的团体中获益,有些更喜欢军属团体,比如在“帮助幸存者”项目中找到的团体,这个项目会在全国各地举办幸存者的座谈会和露营活动。

• 照顾好你自己。你自己越坚强,你就越能照顾好你的孩子。你要照顾好自己的身体健康(比如饮食、睡眠、锻炼、放松等)。这样也可以减轻孩子对他们依赖之人的担心。也要照顾好你的心理健康,控制自己的压力,与支持和帮助自己的朋友和家人多交流。

• 多关注一下正在经历困难的孩子。一些孩子可能会有创伤性反应。孩子们需要帮助的信号有:他们为沮丧之情所困扰,脑中闪现逝者的画面,抗拒有关军事活动的消息或抗拒提及有关逝者的事情,不正常的易怒。如果你注意到孩子有类似的行为,你就要考虑咨询专业人士了。

• 咨询专业人士。孩子以及照顾他们的人可能会认为,他们自己能够处理好自己的悲伤情绪,或认为寻求他人帮助是懦弱的表现,但这都是错误的想法。可以寻求帮助的团体包括学校、社区、医院、心理诊所和其他值得信任的人或地方。

对于许多人来说,悲伤是一种从未经历过的体验。对于从未经历过的事情,你可以多了解它,提出有关它的问题并寻找答案,想方设法帮助自己和你的孩子渡过难关。

第八章 污　名

很多老兵在试着理解他们所经历的创伤性战争经验时，常常会在某种程度上产生自责或罪恶感。他们会对在战争中做过或没做的事情感觉糟糕，而罪恶感和自责会引起很大的苦恼，并阻止他们向外界寻求帮助。因此，虽然与咨询师或医生谈论罪恶感不是件容易的事，但这对他们的恢复来说却很重要。

抑郁和悲伤也会让人不愿意寻求帮助，因为抑郁症患者总是感到自己好像报废了，没有价值，没有希望，当然也就不值得获得帮助。抑郁症患者认为没有什么能够帮助他们，这样的想法相当普遍。

另外有些人不求医是因为对求医这件事有不正确的观念，或是因为对治疗有疑虑。比如军人中有人对于求医就有种羞耻感。这种思维方式对于那些需要治疗的人来说是不利的。而且，抑郁症通过积极治疗能够治愈，如果有抑郁症，一定要鼓起勇气寻求治疗，越早越好！

什么是污名

污名是指对心理健康问题所持有的耻辱感。精神健康问题的实质是精神损伤,而非表现软弱,它会发生在包括最强壮和最勇敢的人在内的所有人身上,甚至连那些最成功的军官也有过这些问题。

不过,对心理健康问题所持有的耻辱感已经成为那些需要帮助的人面临的巨大障碍。尽管公众的意识和知识已经有所进步,但与精神健康有关的歧视和侮辱,时至今日仍然相当普遍。

找到解决问题的办法意味着你的强大和成熟,寻求他人的帮助有时是解决问题的唯一途径,比如,如果你没办法自己越过一堵墙,你就需要战友们的协助。实际上,知道何时和如何找到帮助也是军事训练的一部分。

问题的严重性

军队中的抑郁症患者常常是出于以下想法而不愿寻求帮助:

“求医会影响我的升迁。”

如果不求医,现役军人的情况往往会更糟糕,因此问题会越来越严重。有了抑郁症而不去治疗会使你更消极地对待战友,在工作中表现得更糟,这些后果会引发你和战友之间的其他问题。

“我的上司会得到关于我的精神健康状况的报告。”

医生和现役军人之间的信息往来确实会成为军人医疗记录的一部分。从技术上说,如果司令官要求,他们是可以得到这些记录的。但是在大多数情况下,在军事医疗机构中从事医疗服务的人与求医者之间应该维持保密性,比如牧师和其他服务人员应当向军人们说明保密原则或隐私保护的局限所在。如果他们没有这样做,你完全可以要求他们说明。

“我所在的部队，除非发现我已不适合执行军事任务，否则不鼓励我求医。”

有一些地方资源可以帮助那些对军人生活不太适应的现役军人，只要愿意寻求和接受帮助，军人和他们所在的部队完全可以阻止情况变得更糟糕，避免这些问题给生活和军事准备造成风险。

你的选择是什么

注意那些消极的想法，对错误的想法进行检查。

尽量和大家在一起，不要一个人待着，信任某个人会比自我隔绝要健康得多。

明白坏情绪尽管不会马上变好，但总有变好的时候，时间会让你的感受慢慢变好，你只需要对此有耐心。

尽管感到抑郁，也给自己树立一些小目标去努力实现。让亲友们或心理健康工作者帮你看看这些目标是否现实可行。

除非抑郁症状减轻了，否则不要做出重要的决定和改变。在做出像换工作或结婚、离婚这样的重要改变前，最好跟那些有更中立观点的人们交流一下。

与积极乐观、能够支持你的人们在一起。

不要喝酒或使用麻醉药品（除非这些药品是医生开出的处方而且你是在他的指导下服用）。酒精和麻醉药品的长期使用都会加重抑郁症状。

很多人认为他们不应该感觉良好或者觉得他们的情况永远不会改善，千万不要这样想，这些想法是消极的，而且它们并不真实。人人都有能力改变消极的想法。每个人都值得拥有更好的生活，而且只要他们持续努力，就一定能够实现它。

亲友如何协助

直面污名，能够使个体和他的家庭改变前文所述的那些由歧视带来的消极影响。家人和朋友必须提供坚定的爱与支持，这样才能保证患者能够继续接受治疗，服用处方药物。我们所有人，尤其是医务工作者需要注意我们的态度和认知。我们要知道，如果压力足够大，每个人都会垮掉。这个认识会帮助我们摆脱那种要把自己和病患们区别开来的态度，其实在压力面前，大家都一样。

对于心理健康工作者来说，让患者们影响心理健康工作的开展是另一种有力的去污名化运动。把那些被污名化的人们团结起来的做法已经对其他存在歧视的领域形成了巨大的冲击。反歧视的工作包括为接受过治疗的人写个措辞得当的推荐信，或者通过劳资仲裁庭给他们提供援助。认知行为疗法能够帮助个体战胜耻辱感，更好地面对歧视，但我们要避免给他们留下造成这种歧视是因为他们自己的错误印象。

可获取的资源

没有人应当独自面对悲伤或抑郁，以及相伴而来的污名。我们明白，对你来说，寻求帮助并不是件容易的事，但健康工作者能够提供一个安全的场所帮助你说出自己的感受，这有助于你的康复。以下是一些有帮助的资源：

一个能够提供信息和支持的服务系统。这一服务系统包括一位牧师、一位军事医疗机构的工作人员以及家庭助力计划、家庭中心，他们的联系电话可以在该机构的军人指导页面找到。

与你的上司聊聊。在情况失去控制时，跟你的上司聊聊如何处理你的压力环境，实践已经证明，保持与上司沟通是个好办法。

与初级治疗机构接触。向初级治疗机构询问有哪些可选的治疗方法，最好让他们为你指定一位心理治疗师。

军队一站式资源。军队一站式资源向现役、预备役和国民警卫队军人及其家人提供简便的咨询服务，他们的联系电话是：1-800-342-9647；网址为：www.miitaryonesource.com。

幸存者救助计划（The Tragedy Assistance Program for Survivors，简称TAPS）是一个非盈利的退伍军人服务机构，他们向那些受所爱之人在军队中死亡事件所影响的人们提供较大范围的免费服务，他们的联系电话是：1-800-959-TAPS（1-800-959-8277）；网址为：www.TAPS.org。

退伍军人中心为退伍军人及其家人提供再适应的咨询服务，你可以联系该中心的员工，获取免费服务，他们的联系电话是：1-800-905-4675（东部）和1-866-496-8838（太平洋地区）；网址是：www.vetcenter.va.gov。

退伍军人事务资源。退伍军人医疗中心和退伍军人中心向退伍军人提供他们负担得起的心理健康服务，健康保险公司承担大部分费用，退伍军人自己仅需要花费很少的钱或者一点钱都不需要花，这完全根据退伍军人的支付能力来决定。退伍军人医疗中心专攻创伤后应激障碍（PTSD）的诊断和治疗，他们还能够提供相关的教育资源以及对PTSD的评估。退伍后如果被部署到战区，被退伍军人服务机构登记在册的老兵们还有资格享受两年与他们的服役内容有关的治疗服务。请参见网址：www.va.gov。

本地社区服务包括危机中心、心理健康中心或自杀预防中心。

寻找本地的心理健康服务者。

请登录：therapis.psychoogytoday.com/ppc/prof_search.php。

自杀热线。国家自杀预防生命线24小时开放，联系电话是1-800-273-TALK（1-800-273-8255）或1-800-SUICIDE（1-800-784-2433）。这两条自杀热线都会把拨打者的电话连接到距离拨打者最近的一家有资质的危机干预中心。请登录：www.suicidepreventionifeine.org。

第九章
酒精/药物滥用

酒精和药物依赖已经成为我们国家最严重的公共健康问题,无论穷人还是富人,无论属于哪个种族和社会团体,这个问题在这个国家的每个地区都普遍存在着。成千上万的美国人酗酒、滥用药物。这些人中大多数的家庭遭受着因此带来的严重后果。从而,要是你的家人也有药物和酒精依赖方面的问题,你会发现原来你不是一个人在战斗。

问题的严重性

在军队里,“自我治疗”似乎是挺普遍的事情。军人们喝酒或使用药物,让自己对涉及战争经历的难过想法、感受和记忆变得麻木。虽然这样做似乎能够快速解决问题,但事实上它引起了更多的麻烦。与此同时,由于我们在社交中也会喝酒，所以有时要搞清楚对某人来说喝酒是不是真是一个问题实在不是件容易的事。

大多数有酒精和药物滥用问题的人都有工作，是社会中有生产力的分子，这就给家人们造成了一种不切实际的观点，好像觉得这些问题不是太严重。实际上，这些问题会越来越严重，不仅会伤害当事者，也会伤害所有的家庭成员，对于年幼和处在青春期的孩子的伤害尤其严重。

酒精和药物滥用患者可能认为他们喝酒的情况还算正常，或者觉得“每个人”都会嗑药，所以自己没有任何问题。这些否认现实的虚假信念是这种病症的一部分。酒精和药物滥用是一种病症，能够被有效治愈，成千上万的美国人和他们的家庭都通过治疗摆脱了这种疾病的影响。

如果身边的人酗酒或用药成瘾，首先要做的就是正视问题，为自己、家庭和爱人寻求帮助。

治疗会存在于各种环境、不同形式、不同时长之中。解脱的第一步是停止使用酒精和药物，大多数人需要协助完成。一般成瘾者都需要和其他疾病一样的专业治疗。医生可以引导你进行治疗。

许多军人承受着来自调度、服役和转业回乡的压力。

这种十分自然的应激反应可能从轻微到严重，可能短暂也可能极其漫长。一个共同的处理压力的途径就是酒精和药物。军人就像正常公民一样会用酒精和药物来放松，缓解焦虑和其他不快。在某些情况下，酒精和药物不仅仅用来减轻压力，也用来解决由于战伤经历引起的严重症状。你会发现当你受伤后或有很大压力时，你会因为很多原因而喝酒用药，这些原因包括：

- 帮助自己入睡
- 减轻悲伤
- 使自己和他人在一起
- 减轻情感伤痛
- 忘记不快乐的经历
- 借酒浇愁

- 忘却心烦的记忆
- 逃避现实困难
- 摆脱压力
- 从焦虑中平静

滥用药物与军方

由于来自个人和家庭的巨大负担，滥用药物已经发展成为军中的一个严重问题。许多经历过毁灭性的后果，包括家庭破裂、精神健康疾病甚至是自杀。兰德公司做的一个调查显示25%-30%的伊拉克和阿富汗战争老兵存在精神疾病和认知损伤的症状。创伤后应激障碍（PTSD）是最常见的，脑部创伤与报告出现的症状有很大关系。虽然不是很普遍，但药物滥用是一个值得关心的问题。药物滥用与心理健康服务局每年调查的整合数据显示，从2004年到2007年，7.1%的老兵（预估的18岁以上的180万人）符合药物滥用者的标准。

酒精与尼古丁的滥用是最普遍的，它也对预备役部队和国民警卫队以及其他军人健康造成了重大风险。风险最大的是作战部署人员，因为他们更易于每周大量饮酒，狂欢酗酒，和遭受酒精所致的相关问题;如同吸烟的引发和复发。在这一群体中，储备和国民警卫队人员和年轻军人特别容易遇到后续问题。尽管经常在退伍军人中报道饮酒问题，但只有极少数接受酒精治疗。

现在存在很多不利于军人的情况，使他们回家后沉迷于药品或酒精或患有精神疾病。今天军方定期地给他们处方药以缓解压力和焦虑，减轻身体疼痛，或在有需要时保持警醒。这类处方药，一方面在战争情况下是必需的，但另一方面会让人上瘾，当他们回到正常生活时也不能摆脱这些药物。许多其他军事人员都自行疗伤因而在此过程中会药物成瘾。

为了获得对这些新问题的更全面的理解，千禧世代做了军事历史上最大的前瞻性研究——下面是一个具有代表性的从2001年到2022年美国军队人员的例子。发现强调早期预防在这个团体中的重要性,由于耻辱和其他事实和感知障碍造成了有关战争问题的长期影响,为了满足这种需求,许多政府机构、研究人员、公共卫生机构正在共同努力通过适应和测试来验证预防干预措施以及药物滥用治疗,从而运用到军队人员和他们的家人身上。

为了解决社会问题和其导致的药物滥用,国防部与合作伙伴面向退伍军人开发和测试了新型治疗方法。例如,罗森的资金管理干预法,训练那些处在药物治疗期的人通过寻求治疗目标的完成来更好地掌控他们的资金。麦凯的电话治疗方法在完成首次面对面治疗后提供几个月一次的家庭咨询。

虽然国立的药物滥用研究所正在努力扩大其关于在退伍军人和他们的家庭中创伤、压力和物质使用及滥用的研究,许多有前景的项目已经有资助。这些研究包括:戒烟和创伤后应激障碍,行为干预双重诊断,物质使用和艾滋病的病程,虚拟现实治疗创伤后应激障碍和物质滥用。此外,结合资深退伍军人管理局研究人员在治疗PTSD/物质使用障碍人群的协议概念,国立药物滥用研究所的国家药物滥用治疗临床试验网络正在发展。

此外,我们正在为了使退伍军人更容易获得治疗而做出努力。相关研究,如毒品法庭正在应用其中,之前已经证明了它们在解决非暴力犯罪、药物滥用和引导他们到需要治疗的地方而不是监狱的有效性。因为刑事司法制度对于退伍军人来讲是一项烦琐的处理过程,这样的专门法院可能给他们不能从其他地方得到的服务和支援的机会。而纽约有唯一的专门处理退伍军人非暴力犯罪的法院,其他州正在考虑建立这样的法院。

问题的表现

警告标志

并非所有的饮酒都是有害的,适度饮酒甚至可能对你有好处。然而,酗酒者若不采取措施加以控制，则可能会面临严重风险。

受伤。酗酒增加你受伤甚至死亡的概率。酒精是一个(致伤)因素，例如，大约60%的致命的烧伤、溺水、杀人案，50%的严重创伤和性侵犯，以及40%的致命的机动车事故、自杀和致命的坠落与酗酒有关。

健康问题。酗酒者可能有更大风险患肝脏疾病、心脏疾病、睡眠紊乱、抑郁、中风、胃出血、不安全的性行为造成的性传播感染和某些类型的癌症，也可能导致糖尿病、高血压和其他疾病。

生育缺陷。怀孕期间饮酒会导致生出脑损伤和其他严重问题孩子。因为不清楚究竟多少酒精对发育中婴儿是安全的，妇女怀孕或可能怀孕就不应该喝酒。

酒精使用障碍。一般称为酗酒和酒精滥用。酒精使用障碍是医生诊断由于病人饮酒造成的痛苦或伤害。在美国，大约有一千八百万人有酒精使用障碍。

看看自己或在所爱的人中是否存在这些症状：

在过去的一年中，你有几次比你预期打算的，要喝得更多或更长时间？

不止一次想减少或停止饮酒，或尝试，但是却不能。

不止一次出现状况或饮酒后增加你受伤的概率(例如开车、游泳、使用机械、走在一个危险区域或有不安全的性行为)。

不得不喝得比以前更多，从而达到你想要的效果吗？或者发现你通常的饮酒量的效果比以前少得多呢？

即使这让你感到抑郁或焦虑或会带来其他健康问题，也继续喝？或者喝酒后记忆空白了吗？

是否花了很多时间喝酒？是否生病或留下其他后遗症？

是否即使因喝酒造成了你和家人或朋友之间不必要的麻烦，也要继续喝？

是否发现饮酒或由于饮酒生病干扰到照顾你的家庭？或给工作带来麻烦？

是否为了喝酒放弃或减少了重要或有趣快乐的活动？

由于喝酒，不止一次被捕，被关押在警察局或遇到其他法律问题？

发现当酒精的效果逐渐消失，你有戒断症状，如失眠、不安、恶心、出汗、颤抖，心跳加速或癫痫发作吗？还是出现幻觉？

如果你或者你爱的人有任何症状，那么酒精可能已经造成一定问题。症状越多，就越需要做出改变。健康专家可以视数字、模式和症状的严重程度来确定是否存在酒精使用障碍，并帮助您决定最佳的治疗方案。

酗酒是慢性酒精滥用导致身体对酒精的依赖，不能停止或限制饮酒。

关于酒精问题的警告信号包括：

- 经常过度饮酒
- 有应该减少喝酒的想法
- 感到内疚或喝酒有害
- 别人由于你喝酒而生气或批评你喝得多
- 早上喝酒使自己冷静
- 由于饮酒带来工作、家庭、学校、或其他常规活动的问题

一开始酒精和药品似乎有很好的效果。它们会帮助你睡眠，忘记问题或感到更放松。但任何短期利益可能迅速恶化。从长远来看，使用酒精和药品来缓解压力会导致一个全新的非常严重的问题，并使你酗酒或使用药物的情形变得更糟。酒精和药物滥用可能导致家庭生活、身体健康、心理健康、家庭财务、工作、心灵和自我价值感出现问题。

以对家庭的影响为例。当你经常喝醉时，很难创造良好的人际关系。醉酒后降低了亲密度和沟通能力。在这种影响下，家人能感觉到总是被人拒绝。目睹这种酗酒行为会令人烦恼。孩子可能不理解产生攻击性的酗酒行为抑或伴随吸毒的自我封闭行为。由于酗酒导致的交通事故和因吸毒而被逮捕可能对一个家庭产生长期影响。对于所爱的人，酗酒和药物滥用的问题是十分危险的，因为他们往往会造成家庭暴力和酒驾。

什么时候喝酒会变成一个问题？

通常很难认定酗酒或药物滥用已逐渐成为一个问题。它是一个逐渐发展

的过程,有时使用的人也很难注意到这个问题。以下是一些人为了说服自己没有问题的理由。你存在吗?

“我只喝啤酒(葡萄酒)。”

“我不是每天都喝。”

“我没使用难戒除的药物。”

“我从未少上一天班。”

“我不是一个酒鬼。”

“我不需要帮助,我自己可以掌控。”

“去年我凭借自己的努力戒了三周。”

即使在小的方面,酒精和药物使用也可以被认为是一个难以解决的问题。

你可以问自己一些问题来确定你是否存在问题:

家人和朋友是否经常议论你喝得多或喝得太频繁?

你是否发现你由于喝酒和药物使用而内疚?

你是否发现你喝得一天比一天多?

你是否在尽力减少酒精(药物)的使用?

你是否发现喝酒(使用药物)曾经影响过你履行像抚养孩子和工作之类的个人职责?

你是否在喝酒(用药)的影响下还进行开车或操作机器一类的危险行为?

你是否发现你需要更多酒精(药物)才能达到效果?

如果你发现你存在上述一个或多个问题,那么也许你需要重新评估你对酒精和药物的使用了,及时补救,向朋友、家人或专业人员寻求帮助。

治疗的选择权是什么

如果你认为酒精(药物)已经成为或正在成为你的困扰,那么现在你有很多可以做的。首先,认识到你并不是一个人,其他人会支持你。其次,寻求帮助。

即使你怀疑是否能够摆脱或者对这个问题感到内疚,得到帮助都会是让你减轻或停止对喝酒和药物使用的依赖的最有效手段。在治疗过程中联系你的健康咨询者、内科医生或临床医生、美国退伍军人事务部医院或匿名戒酒协会来进行咨询。

CAGE是以下问题的缩写:

C——你曾经是否觉得你应当少喝酒?

A——是否有人曾经因批评你喝酒而生气?

G——你曾经是否因喝酒而感到内疚?

E——你是否曾经起床第一件事就是喝酒来使自己冷静和摆脱宿醉?

如果在过去一年中你符合CAGE中的三到四个问题,那么你可能产生了依赖性。如果满足一到两个,那么可能存在酒精滥用。结合初步筛选结果与数量频率和CAGE问题可以预测到70%-80%的滥用或依赖酒精的人(Friedman eta. 2001)。

同样的筛选工具也适用于非法的药物使用。例如,最初的关于个人反应的检测工具可以用于发现大麻的使用。卫生保健提供者可以根据修改后的CAGE来询问数量-频率问题。

案例研究

以下案例介绍了在军队或退伍军人事务部使用医疗设施治疗军人的例子。为对病人身份保密,信息经过修改。

案例1

专员LR是一个二十五岁的单身非裔美国人,有着四年预备役经历的国民自卫军。

他是一个住在公共住房中由一个单身母亲养大的全日制大学生和运动员。他在学校和社区有显示出轻微街头暴力的倾向。

在进行了最基本的交通训练后,他被派到巴格达作为现役军事警察。他说他享受高强度的任务部署,并且由于他的咄咄逼人和自信,他被其他人视为日常的非正式领导。他描述了大量在执行护航车队安全任务细节的事情。他报告在被迫绕道或采取规避行动时有时感到无能为力，曾受到小型武器的开火攻击，目睹了平民和伊拉克士兵的死伤。他渐渐越来越不相信作战环境，随着“在街上”的形势开始恶化。他经常觉得他和他的同伴被置于不必要的伤害危险中。

车队在执行一次例行任务中，他担任悍马司机，他的车被一个简易爆炸装置引爆，碎片遍布他的脖子、胳膊和腿。他的另一个队友受伤更严重。他“切换到自动驾驶状态”，然后把车开到安全位置，并跳下车做了一个战斗损伤评估。那时他感觉疼痛。他被疏散到战斗支援医院接受治疗，几天后，他回到岗位，尽管需要拐杖和忍受脖子上碎片带来的隐痛。他开始对上司和医生让他待在战区而无法有效地履行职责而愤怒。他开始出现失眠、过度警觉和惊吓的反应。他对事故最初的幻梦变得更加紧张和频繁，他开始产生幻觉，出现事故的重放。他开始离开他的朋友圈，变得缺乏快乐，感觉与其他人疏离，他担心他的生命将会缩短。他被转到一个提出支持治疗和发现选择性5-羟色胺再摄取抑制剂的精神病学家那里继续接受治疗。

两个月后由于战斗伤害的康复不成功，抑郁和焦虑症状的恶化，他从欧洲医学中心被转移到美国的军事医疗中心。他的精神病症状经门诊筛查评估符合DSM-IV标准，因此对他进行急性创伤后应激障碍治疗，并提供药物管理、支持疗法和团体治疗，但他拒绝了。舍曲林、曲唑酮和氯硝西泮用于治疗他的失眠、焦虑和过度觉醒状态的症状。由于持续失眠，用喹硫平代替曲唑酮和氯硝西泮对睡眠和焦虑进行治疗，可乐宁用于自主症状。他对这些药物的组合反应良好，避免了酒精加剧症状。他在犹豫是否回家，因为担心和家人及女朋友在一起表现得“异常、生气或激进”。在军事中心停留三个月之后，他被送往他的复员站点等待回归国民警卫队单位。他被送到当地退伍军人事务部医院接受后续护理。

案例2

二等兵RJ是一个有着近一年服役经历的二十六岁白人女性，她2003年被派到伊拉克。她在初中时成绩优异，但在高中时由于怀孕而搬出了家。她按时从高中毕业后，在成为一名X-射线操作员前曾找了好几份工作。来伊之前，她被派驻德国，职责是一名X-射线技师。作为单亲母亲，她试图为他五岁的儿子做规划。然而，迫近的调动通知需要她为孩子做出一个较为紧迫的照看计划。

在调到伊拉克的一周内，该服役人员开始出现情绪低落、对活动的兴趣减弱、食欲增长、易怒、有消极的自杀念头、社会孤立感增强、由于噩梦而失眠等症状。她开始相信萨达姆是"基督的敌人"。她还幻听到魔鬼对她低语命令道：在她的单位有人在传她很愚蠢因而她必须使他们闭嘴。同时，魔鬼叫她拿东西砸他们。她越想遵照魔鬼的口令去行动，她的内疚感越强。她也描述了她曾看到的"怪物"取笑她的视幻觉。

这些症状在她由驻训点派到伊拉克时变得更严重。当她思虑待在伊拉克面临的压力（炸弹爆炸、想念孩子和家庭、厌恶其他女人吸引男人的注意）时，这些症状更加恶化。最重要的是她担心自己不能在服役过程中活下来。当她在人群中时，她感到心悸、常有爆粗口的冲动，颤抖、气短、腹部绞痛和头晕。为了摆脱这种症状尤其是幻听和关于鬼怪的幻想，她摄入泰诺来达到一定疗效。她自从告诉了一个军方朋友自己的症状后，RJ经过评估后经由德国撤回到美国本土。

当她回到美国本土时，她告诉了治疗人员在服役一周前她被下药并遭到性侵。她对讨论这件事中的一些回忆而感到尴尬犹豫。她否认有任何其他以前的创伤性事件，但是一般来说她不信任男人，因为在她的生活中很多男人都是不可靠或不负责任的。她承认偶尔饮酒但否认用药。在整个住院期间，她最关心的是与她的儿子团聚并且离开军队。她接受抗抑郁药和抗精神病药物的治疗，症状得到改善。尽管症状改善，她继续接受了具有精神病症状的抑郁症和创伤后应激障碍的医疗评估诊断。

案例3

W上士是一个四十五岁离婚的伊拉克自由行动预备役人员，2003年6月他在阿富汗出了机动车事故。他遭受下肢深静脉血栓并发的腰椎爆裂骨折，在欧洲军事医疗中心接受多个外科手术。他通过航空医学疏散系统被转移到一个美国医学中心并作为非战伤住院病人接受脊髓损伤康复治疗。他的治疗计划是一个涉及身体和职业疗法的康复计划，通过辅助设备帮助自主行动和建立肠和膀胱的通道。

依照服役人员的伊拉克自由行动协议，W上士被预防医学心理服务机构(PMPS)跟踪调查。预防医学心理服务工作人员最开始推荐以选择性5-羟色胺再摄取抑制剂进行治疗，例如舍曲林。以每天25mg的剂量，来治疗相关症状，诸如加剧的吃惊反应、情绪不稳和被工作人员认为是有前驱症状的急性应激障碍(ASD)的侵入性思维。工作人员也通过合并安眠药与放松治疗来帮助W上士睡眠和疼痛相关的问题。当W上士反映说自己仍受到事故记忆的困扰后，工作人员建议他将剂量增加到每天50mg。除了作为治疗目标的症状之外，未发现其他的精神疾病。

W上士入院期间完成了初步调度后健康评估。他的抑郁症状达到了11级(当评分大于或等于10时表明有潜在的倾向)。与PTSD(一种侵入性症状，两种唤醒症状，三种回避型症状)相关的症状级数较低。

2003年6月，W上士转入退伍军人医院的脊髓康复计划。他能在助行器的帮助下行走，背部与左腿的疼痛也在止痛药的作用下得到控制，神经性肠道与膀胱在每天的肠计划和膀胱计划治疗下也得到了控制。在要求下，附加了创伤性脑检查和香豆素监管。

通过电话询问或者是后续的对华特里德陆军医疗中心的随访，我们接触了服役人员并对他们PTSD、忧郁、饮酒、身体不适、身心情况差的时间、工作效率降低以及对保健的满意度进行了评估。

W上士在后续的六个月调度后健康评估开始前不能电话随访。那时，他已经达到重度忧郁的标准也有了与中等PTSD标准相一致的症状。他报告说自己已经因为身体和心理的问题20天没有工作了。除此之外，他还有疼痛、睡眠和性功能方面以及再也不能回到从前的困扰。在家里他能在助行器的协助下移动，而外出远行则需要轮椅。他坚持肠计划。他需要自行导尿限制了他离家外出。临床上，他在当地的退伍军人事务部医院接受精神病学的、神经的以及脊髓的项目，还有理疗。他说每天的服药量在25到35片之间，包括有助于睡眠的曲唑酮，用于抑郁和PTSD治疗的舍曲林100mg。他已经接受了自己生活功能上的受限，并打算适应生活方式的改变。他的支持系统相当好，他有一个非常支持他的妻子，他所属的后备部队也经常接触他，他也参加了表彰后备军人的社会活动。作为要求，他的管理服务被提交给了退伍军人医院去帮助W上士理解他的治疗，适应他的功能障碍，了解他自己因为脊髓损伤带来的较长的预后期，消除他的PTSD症状如丧友之痛。里德陆军医疗中心的法律援助也帮助他去索取因为被分派去伊拉克所导致的个人财产损失。

被征调到伊拉克之前，W上士是一家运输公司的卡车司机，如今他已经不能再回去工作了。他的医委会正在处理相关事务，他也符合陆军医疗退休和退伍军人福利条件。

案例4

P中士是一个24岁已婚的美国成年人，他的左臂、左肋和左腿在伊拉克一次简易炸弹袭击中留下了长期的贯通伤。最开始他在科威特接受治疗，然后在2003年的夏天撤离到欧洲部队医疗中心接受外科手术以修复断裂的左侧尺骨。

P中士由空运撤离并得到准许在国家医疗中心接受普外科的治疗。他的恢复很轻松，以复原和伤口护理为主。

他最初按照普外科、血管外科、矫形术的顺序接受治疗，随后被转送住院接受物理疗法和康复服务。在物理疗法和康复治疗时，他的状况发展为能使用洛氏拐在医院范围内移动并且能够在日常生活能力方面进行适度的自主活动。他的疼痛很好地控制住了。他出院后，需要每隔4-6小时服用一到两片扑热息痛；布洛芬制剂每天三次，每次600mg。每晚10mg安必恩有助于他的睡眠。

依照伊拉克自由行动协议，预防医学心理服务机构对P中士进行了跟踪调查。预防医学心理服务机构的工作人员最初接触他，并给他提供支持以构建治疗联盟的环境。他最初的要求是当自从他因受伤而与他的单位隔离开之后，未能与他们交流时，请求帮助与他的单位上司取得联系。他在医院里的第一周，睡前服务安必恩帮助他缓解睡眠问题。后来他报告说安必恩只能最小限度地缓解他的睡眠问题，而且他还出现了盗汗的问题。他否认经历着任何刺激性的或者侵入性的症状，只承认有选择性地回避了电视上关于“伊拉克自由行动”的报道。预防医学心理服务机构的工作人员讨论了对他晚上使用心得安20mg来抑制交感放电活动的利和弊。P中士同意了方案并且开始每晚服用20mg心得安。后续报道显示他的睡眠质量提高了，并且过度的自主运动也减少了。药物治疗的介入减轻了他的睡眠困扰，也使他对心理干预治疗更加包容与理解。预防医学心理服务机构的工作人员也合并使用催眠和放松手段来缓解他的睡眠和疼痛问题。认知行为治疗帮助他了解自己惨痛的经历会怎样改变他对事物的看法和解释以及认知的改变对他的情感和行为有什么影响。预防医学心理服务机构的工作人员也帮助他克服愤怒的情绪，强化他的应对策略、认识到自己的优势和长处。

在P中士受伤后大约16天左右的住院申请期间，给他施测了初始部署后健康评估工具，那时他符合重度抑郁的标准以及中等水平的PTSD相关症状。

住院两个月后，P中士出院了，休假疗养。他已经预约了整容科、血管科、理疗以及预防性的精神治疗。在他门诊治疗的这段时间，他都住在一家旅店里。

预防医学心理服务的工作人员在P中士住院期间和门诊治疗期间都有规律地对他进行了追踪观察。大约每个月见面1–3次。他们给他提供了心理疗法、催眠疗法和认知行为干预的组合疗法。在给他的出院后的药物公开后，安必恩和心得安都不再使用。在他因为派驻经历过的事件引起他出现侵入性的唤起症状后，他能够自主恢复控制。心理干预治疗帮助他理解他的想法对他的情感和行为所产生的作用。并且让他在抑郁症状评估得分上有了一个大幅度的降低(Pfizer, Prime MD 评分系统得分从16降到了3)。

通过电话或者亲自上门进行跟踪访谈，对军事服役人员关于PTSD、抑郁、饮酒、身体不适、身心情况差的时间、工作效率降低以及对医保的满意度进行了评估。在第三个月的部署后健康评估后续走访中，P中士存在低落的情绪，但并不符合所有的抑郁标准。他存在有12级的抑郁症状(分数大于等于10具有诊断意义)。PTSD的症状在一个中度水平。虽然在前一个月，他表示存在有9天身心俱疲的时候，但其中仅仅有两天他因此不能工作。他对他的医保很满意。在第6个月的部署后健康评估后续走访中他的抑郁症状指数为3，且不符合抑郁的标准。他虽然有轻度的侵入性症状，但却没有达到PTSD的症状标准。P中士在他的身体逐渐恢复的同时也回到原单位做些较轻松的工作。

家人与朋友如何在治疗过程中给予帮助

解救一个成瘾者和他家人的第一步就是让亲人同意接受帮助并且寻找对所有家庭成员的支持服务。

当一个酒精成瘾者不愿去寻求帮助时，家人、朋友、同事应时常聚到一起，用爱与关注去面对酗酒者。他们可以强烈地要求此人接受治疗，列出不这样做的严重后果，诸如家庭破裂或者失业。

这就叫作介入。经过周密的准备，在有能力的训练有素的专业人员的指导下，家人、朋友、同事就能通过一种坚定的充满爱的方式说服他们爱的人，唯一的选择就是接受他人帮助走上恢复之路。

酒精或者药物依赖的患者能够也的确可以恢复。介入通常是第一步。

在家庭中承受着酒精或者药物滥用的儿童也需要关注、引导和支持。他们可能成长于对这些问题持否认或者掩盖态度的家庭中。

这些孩子也需要去直视他们的问题。他们也需要安全可靠的成年人去倾诉，去支持他们，打消他们的顾虑，针对他们的年龄给予适当的帮助。他们也需要快乐，他们也只是孩子。

存在酒精和药物问题的家庭通常有较高水平的压力和混乱。高水平的家庭压力是导致过早接触危险物质的危险因素，也会导致身心健康的问题。

对儿童真诚地交流家庭中所发生的事情是很重要的，这也能帮助他们表达自己的关注点和感受。孩子们需要相信他们生命中的成年人，并相信他们能从中得到帮助。

伴随着酒精与药物滥用的家庭成长的孩子能通过参与到学校的学生帮扶

计划中的教育支持团体中而受益。那些11岁及以上的孩子能参加由社区组织的，为具有相似情况的人群提供健康的交流途径的“父母嗜酒青少年互助会”。参与到与信仰有关的组织中也有所帮助。

如果你考虑改变你的饮酒状况，你需要确认是减少饮酒量还是完全戒除。询问医生、朋友，或者其他你信任的人是个不错选择。如果你有以下情况，我们强烈建议你戒酒：

- 尝试过减少酒量但不能遵守你自己的约定
- 曾经有过酗酒障碍并出现过症状
- 因为饮酒而引起或加重身心问题
- 正在服用与酒精相互作用的药物
- 确认或可能怀孕

如果你没有上述症状，与你的医生讨论去决定在以下因素的情况下是减少还是戒除：

- 有家族饮酒的问题
- 年龄
- 你是否有饮酒相关的损伤
- 有类似于睡眠障碍和性功能障碍

戒除的技巧

有几个实践证明有效的治疗方法，但是没有一种方法适合所有情况。去网上或者图书馆寻找社会的和专业的适合你坚持下去的方法也是不错的选择(请参考后面的资源)。要尽量选择对你有效的方法。

社会支持

人们放弃饮酒所面临的潜在挑战是人们必须恢复到没有酒精的日子。陪伴你的亲朋好友，发展一些新的爱好，参加社会团体，找一些有益的方式去打发你没有酒精的时间是很重要的。当你想从朋友或者重要他人那里获取支持时，要具体明确。这些人可能包括不会给你提供酒精的人、不在你身边喝酒的人、给你言语上的支持和预见性批评的人、那些让你马上制订新要求的人或者让你加入匿名者戒酒协会的人。考虑一下加入匿名者戒酒协会或者其他的互帮互助团体(见附录)。正在恢复的人中,那些规律地参加团体的人恢复得比不参加的人快。协会非常多,可以寻觅一个适合你的。要是你足够活跃,比如赞助组织,寻访其他参与者,你将会收获更多。

专业支持

尽早治疗意味着患者有更多的机会,健康专业人士有更多的方法去协助。

药物治疗酗酒。新型药物通过消除大脑因为酗酒引起的改变使得戒酒更加容易。服用这些药物(环丙甲羟二羟吗啡酮、托吡酯、阿坎酸)不会因为你饮酒而使你虚弱,旧的药物(戒酒硫)却会有相关反应。所有这些药物都不成瘾,所以可以结合使用于互助组和酒精咨询。最近的临床试验显示病人能够通过结合新的药物和看医生,从他们的家庭医生或者心理健康实习医生那里获得有效的戒酒治疗。参看后面的资源可以得到更多信息。

酒精咨询。谈心疗法也有用。有几个效果差不多一样的咨询方法如:12步法、认知行为疗法、动机促进访谈法,或者组合使用。得到帮助貌似比某些特定方法的实施更重要,只要它能转移注意力,避免大量对抗,强化动机,提供具体的改变酗酒行为的方法。

专业的强化治疗计划。有些人需要集中密集的治疗,如果你需要转介治疗,询问你的医生。

可以利用的资源

在你的社区中有可用的帮助。在黄页查找与酗酒相关的治疗计划和自助组。向你所在的县卫生部门咨询,获得在你的社区进行治疗的许可。为你所爱的人、你自己和你的家庭尽力寻求帮助。向家庭治疗师要求转介到训练有素的介入治疗师,或者向介入资源中心打电话咨询:1-888-421-4321。

如果你想获取更多的关于酒精与药品使用的信息或者如何寻求帮助，下列网站将会有很大帮助。

物质滥用

退伍军人项目计划和服务

诸如酒精、药物或烟草的滥用可能会导致受伤、事故或者身心健康问题的风险。虽然戒除很困难，但是你没必要独自面对。

• 退伍军人物质使用障碍（SUD）计划定位器：这个计划定位器能帮你找到当地的退伍军人物质使用障碍治疗计划。

• 在退伍军人医院，有效的物质滥用治疗是可行的。可行的治疗涉及物质滥用相关的所有问题，从不健康的使用到威胁生命的上瘾。在“退伍军人医院关于物质滥用的治疗方案的总结”页中，可以提供给你关于退伍军人医院现有的治疗方案的信息。

• 抽烟和烟草的戒断：退伍军人医院的公共健康和环境公害办公室为老兵和他们的家人，健康专业人士提供有关抽烟和烟草滥用的戒除、预防和治疗。

• MakeTheConnection.net：访问这个网站可以看见数百个关于那些已经解决物质滥用问题并克服了身体健康挑战的老兵的故事。MakeTheConnection.net是一个老兵和他们的亲友能够私密地搜索关于身体健康的信息，听同为老兵的同伴和其家人们恢复伤病的故事，轻松地找到并获得他们所需的资源和支持的一站式资源网站。

• 观看那些来自于已经找到解决酒精和药物问题的方法的老兵客户的反馈视频，学习更多的关于他们找寻治疗和恢复方法的经验。

其他资源

匿名戒酒协会：www.a-anon.org/

父母嗜酒青少年互助会：www.aateen.org/

成年酗酒子女：www.adutchidren.org/

酒精和药物滥用信息和资源：www.acohoand drugabuse.com/

国家酒精滥用和酒精中毒研究所:常见问题:www.niaaa.nij.gov / faq/ faq.htm

药物滥用治疗设施定位器:findtreatment.samhsa.gov/

匿名戒酒协会主页:www.acohoics-anonymous.org/

毒品

每年药物和酒精滥用导致了超过12万美国人死亡。根据国家药物监管局的数据,纳税人每年在(滥用)药物和酒精的预防保健上花费超过3.28亿美元。还有额外的法律强制执行、车祸、犯罪以及生产力的低下。药物滥用的原因是因为药物让人变嗨。这与被动的毒品上瘾不同,是自愿的。除非介入治疗,否则这种成瘾是不能戒除的。就如同酗酒一样,药物成瘾是不能治愈的。

人们易于对药物快速成瘾。要使人们不再服用这些药物,将会经受严重的停药反应。为了终止这种上瘾,人们需要自身和周围人的支持、帮助和坚强意志。

药物成瘾的机体表现多样,取决于药物的使用、服用量和服用环境。早期的症状包括复杂的心情,白天嗜睡、兴奋和不正常的疲劳,激动,偏执。随着依赖性的加强,症状会发展成频繁的分心、沮丧,包括精神错乱在内的复杂的心理状态,以及完成平时很简单任务的协调能力降低。作用的程度随着个体差异而变化,还有药物的种类。另外一个非常明显的标志就是手臂上的针眼(要是手臂上的静脉因为过度注射而变性,其他区域也可出现这种症状),但这只发生在那些注射药物的人身上。要是吸食药品时间很长,那些不抽烟的人也会经历呼吸困难或者咳嗽。

虽然毒品比数十年前便宜了许多,但它仍然是昂贵的物品。大多数使用者仍然为了在经济上满足他们的习惯而挣扎。

毒品成瘾不仅让这些人与他或她的亲友渐行渐远,也会导致使用者们因此而更加激动。

当你吸食毒品时你的大脑发生了哪些变化

毒品是一种插入大脑交流系统并打断神经元正常发送、接收和处理信息方式的化学物质。药物至少有两种可能的作用方式:(1)模拟大脑本身的化学信使;(2)过度刺激大脑的奖赏回路。诸如大麻和海洛因类的药物,与化学信使有相似的结构,即由大脑自主产生的神经递质。由于相似性,这些药物能“欺骗”大脑的受体,激活神经元发送异常信号。

其他的像可卡因、甲基安非他命,能使神经元释放异于常量的神经递质,或者妨碍正常大脑切断信号传递的化学物质的循环。这种破坏会产生一个显著放大的信号,完全破坏正常的信号传递模式。

几乎所有的毒品都直接或间接地通过多巴胺欺骗回路来靶向作用于大脑的奖赏系统。多巴胺表达在大脑控制运动、情感、动机以及愉悦的区域。奖赏系统遭受过度的刺激,会产生一种对药物的愉悦反应,而通常情况下该系统是对与生存有关的自然行为(进食,亲密行为等)产生反应。这种反应将会调动人们重复滥用毒品的行为。

当人们持续滥用毒品的时候,大脑将会通过减少多巴胺的产生或者减少奖赏系统的受体来适应多巴胺的大量涌现。最后,多巴胺对奖赏回路的作用减弱,滥用者享受毒品的程度降低。这种减弱将会强迫滥用者对毒品上瘾,持续滥用毒品以尝试恢复多巴胺的正常功能。他们也有可能需求比第一次更大剂量的毒品以期升高多巴胺含量,这就是耐受性。

长期滥用(药物)会导致大脑中其他的化学系统和回路的改变。谷氨酸盐是一种影响奖赏回路和学习能力的神经递质。当谷氨酸盐的最适浓度因药物滥用而改变后,大脑尝试进行补偿,但这可能损害认知功能。滥用的药物会促进无意识的(条件的)学习,将会导致滥用者在见到与他们服用药物经历相关的地方或人时产生不可控制的欲望,即使不能获得毒品。对成瘾者的大脑影像学研究显示大脑中有关判断、决策、学习和记忆以及行为控制的区域有明显改变。这些改变将驱使成瘾者不顾一切地,强迫性地寻找并服用药物,换句话说,就是上瘾了。

为什么有的人成瘾了,而有的人没有?

没有任何的单一因素能预测某人是否会对药物成瘾。成瘾的风险取决于个人的生理、社会环境、年龄和发育状况。具有的风险因素更多,一个人对药物的成瘾就更容易。例如：

生理。人们所携带的基因以及环境影响构成大约一半的成瘾隐患。除此之外，性别、民族成分以及其他的精神障碍的存在都会影响药物滥用及成瘾的风险。

环境。人所处的环境包含很多影响因素——家人和朋友、社会经济地位和生活质量水平。像来自于同辈的压力、身体和性虐待、压力和父母干预等因素将会显著影响一个人的药物滥用和成瘾的过程。

发育。基因和环境因素与个体的关键成长期相互作用共同影响成瘾，青少年承受两倍的风险。虽然在任何时候服药都会引起成瘾，但是越早开始，越容易发展为更加严重的滥用。由于青少年大脑中有关决策、判断、学习和自制力的区域仍然在发育，因此青少年更倾向于进行冒险活动，包括尝试毒品。

治疗

在确定治疗方案以前，个人必须承认自己有成瘾状况，并且的确想克服。积极的想法、意志力还有决心是后续治疗成功的基础。

对支持小组或者个人咨询的关注是十分有益的。如果治疗专家知道是什么药物成瘾，这些类型的治疗方案将会帮助你确认病因，提供大量的有关欲望控制、戒断管理以及怎样重建没有药物的生活。

找出求助热线，时刻关注他们。谁发起的，有什么帮助可以提供。从戒断初期把这些求助热线一直放在你的手边，当你的欲望变强烈的时候或者焦虑上升时，打这些热线电话。

对戒断期要有思想准备。要提醒家人和朋友将会发生什么，解释可能会给相关的人带来的痛苦。锻炼可以减轻戒断的症状，所以制订一个锻炼计划。

克服成瘾是私人的行为，但也需依靠大量的资源来辅助戒除药物成瘾。

第十章
睡眠障碍

什么是睡眠障碍

很多曾经参加过战斗或有维和经验的官兵因为这样那样的原因,会有睡眠方面的问题。有些人会做与战争有关的噩梦,即使从梦中惊醒,仍然感到害怕。另一些人为保护自己免于危险会整夜不寐。比如,有些现役人员就曾在战斗中感到需要整晚保持戒备状态,所以他们不睡觉。也有一些人是因为有像时常打盹或不规则的作息时间等不良睡眠习惯而失眠。

问题的严重性

睡眠障碍与失眠不同,它是一种需要治疗的疾病,意味着难以入睡和保持睡眠。严重的睡眠障碍引发的原因很多,它本身也可能引发精神疾病或情绪障碍。数百万人有睡眠方面的问题,每年都有不少人被确诊为睡眠障碍。退伍官兵因为在战争中面对的额外压力特别容易患上这种病症。

常见睡眠障碍包括:

• 原发性失眠:长期入睡困难和(或)难以保持睡眠,且没有其他原因导致此类症状。

• 夜间磨牙:睡觉时不由自主地磨牙或者有磨牙癖。

• 睡眠阶段延迟综合征(DSPS):睡眠本身没有问题,但在大众认同的时间内不能保持清醒以及入睡,是一种生理节律的失眠。(其他的失眠症有:睡眠阶段提前综合征,非24小时睡眠节律综合征,不规则睡眠节律,短期时差失眠症以及轮班工作失眠症,均比睡眠阶段延迟综合征少见。)

• 呼吸浅慢综合征:睡觉时呼吸异常变浅或频率变慢。

• 嗜睡:白天极度嗜睡(EDS),经常在不适宜的时间里不由自主且不受控制地睡觉。

• 猝倒:运动的肌肉由于突发的衰弱可能导致摔倒。

• 夜惊:从睡梦中突然惊醒,伴随着一些恐惧的行为。

• 异态睡眠:与睡眠有关的不良活动,比如睡觉时不恰当的行为,梦游以及夜惊等。

• 周期性肢体运动障碍(PLMD):睡觉时突然无意识的手和(或)脚运动,比如踢腿,即夜间肌阵挛。这在入睡抽动中也常见,但不是疾病。

• 快速眼动睡眠行为障碍(RBD):在快速眼动睡眠中表现出了暴力或者戏剧性的梦境(快速眼动睡眠疾病,即RES)。

• 多动腿综合征(RLS):自身不可抗拒地活动腿部,多动腿综合征患者通常患有周期性肢体运动障碍。

• 环境影响的昼夜节律睡眠障碍：轮班工作制以及时差睡眠障碍。

• 睡眠呼吸中止症，阻塞性睡眠呼吸暂停：睡觉时呼吸道阻塞，导致深度睡眠缺乏，并时常伴有打鼾。其他形式的睡眠呼吸中止症较为少见。气体在进入肺部时被阻塞，导致患者喘气。患者为了呼吸，平均10秒就要停下来。该症状多见于超重者、中年男子，中风者之中也可见。

• 睡眠麻痹：主要表现为睡觉前后身体出现短暂麻痹，并有可能伴随视觉、听觉、触觉上的幻觉。表现不明显时不能算疾病，经常被视为嗜睡的症状。

• 梦游：患者犹如清醒时那样进行各种活动（比如吃东西、穿衣服），甚至包括走路，但做这些事时并没有意识。

• 夜尿症：夜间需要多次起床小便，这不同于尿床，尿床的人并没有醒过来，但膀胱仍把尿排空。

对睡眠的恐惧

它如何起作用？

睡眠障碍一般包括入睡困难、常常醒来以及过早醒来。对于这些问题有一些效果较好的治疗方法，不过选择哪种方法取决于你的具体情况。药物治疗对于失眠和噩梦能够很快有效果，但有一些药物也有会让人上瘾的危险，所以你需要跟医生协商，选择对你最好的方法。

睡眠障碍的治疗方法可分为以下四种：

• 行为和精神治疗

• 康复和管理

• 药物

• 其他躯体治疗

上述方法并非对所有睡眠障碍的患者都会有效果。选取什么样的治疗方法取决于患者的诊断、身心健康史、个人偏好以及治疗师的专业意见。行为精神治疗和药物治疗通常是不充分的，需要将它们结合使用以实现最好的效果。睡眠障碍常继发于精神障碍、生理疾病或物质滥用障碍，对它的管理要关注这些隐患。

药物和生理治疗能够让患者尽快地缓解症状，像嗜睡症最好就用药物治疗，而其他的一些病症，比如慢性和原发性失眠，采用行为干预治疗能够取得较持久的效果。有效的治疗需取决于使用睡眠日记甚至可能是睡眠研究得到的细致诊断。睡眠习惯的调整可能解决睡眠障碍的问题，但往往药物治疗是必需的。而治疗阻塞性呼吸暂停（obstructive apnea）、昼夜节律紊乱（the circadian rhythm disorders）和磨牙症（bruxism）就需要特殊的设备。在这些病症的治疗过程中，如果症状变得严重了，患者常常需要接受带着病症生活的事实。

一些“谈话疗法”可能会长期地改善睡眠问题。认知行为疗法的目标是改变那些让睡眠问题更加严重的信念和行为。睡眠卫生疗法帮助人们建立有助于睡眠的习惯。呼吸和放松治疗可以用来减少肌肉紧张，促进睡眠。

习惯造就了我们，我们的睡眠习惯可能是睡眠问题的罪魁祸首。下面这些建议可能对减少睡眠问题有帮助：

1.待在床上只为睡觉——不要在床上看电视、打电话、考虑工作、学习上的事情或解决问题。只有当你昏昏欲睡，准备睡觉时才到床上去。

2.要是你三十分钟内还睡不着，就别睡了——到别的房间去做一些放松的事情，直到你有睡意。

3.睡觉前要“放松”——在睡觉前做一些让你能够放松的事情，比如灯下阅读，听听让你觉得舒服的音乐、祈祷、洗个热水澡、玩玩猜字游戏或你喜欢的电脑游戏。

4.作息时间有规律——每天都在同样的时间睡眠和起床。

5.限制打盹——一天之中的小睡如果在十分钟之内，可以帮助改善情绪和提升精神状态。但是，你要将打盹的时间控制在15分钟以内，并且在下午四点以后就不要再打盹了，否则你的睡眠周期会受到影响。

6.加强常规体育锻炼——只是不要离睡觉时间太近了。

7.减少刺激——避免在下午或晚上吸烟、喝咖啡或含有咖啡因的苏打水。

8.减少酒精摄入——酒精会让你半夜醒来，所以晚餐后不要再喝酒了。当然，如果你正处于酒精滥用的康复期，完全避免饮酒是很重要的事情。

9.检查你的卧室环境——你的卧室是否太暗或者太吵了？你的床舒服吗？房间温度合适吗？在卧室里你感到安全和宁静吗？如果不是，你可以在卧室里增加一些能够让你平静的元素，比如你的孩子、宠物、户外风景的照片，或是颇有诗意、禅意的图片。

10.寻求帮助——有方法能够帮助你解决睡眠问题。要是你的睡眠问题困扰你很久了，你完全可以向经过训练的睡眠方面的专家咨询，找到那些对你来说最好的治疗方法。

要是我常常做噩梦怎么办

创伤性事件之后，大多数人会做噩梦。对一部分人来说，做噩梦的时间会持续较长。噩梦会让人感到似乎重新经历了创伤性事件，同样也重新体验了当时的害怕、无助甚至是愤怒的感受。不过，噩梦并不意味着当事人会出现精神障碍，相反它们是穿越创伤的一种方式。

但人们不喜欢做噩梦，所以他们会使用药品或酒精来防止自己做噩梦。有的人甚至还采取不睡觉的方式来让自己不会与噩梦相遇。但这些解决方法只会带来像物质依赖和睡眠剥夺的新问题。当你从噩梦中惊醒时，你需要离开卧室到另一个房间，这样你才可以重新找到方向。你可能需要一些时间才能回到现实中来。做些让你觉得放松的事情，如果可能的话，可以与支持你的人聊天，跟他们说说你做的噩梦，跟他们讨论那些能够让你掌控局面的方法，你也可以把本章的内容和他们一起分享。你可以重新布置卧室,以使你感到更加安全,也要注意确保你床伴的安全。

亲友如何协助

做睡眠日记,记录个体的睡眠模式,这在就医时会非常有帮助。睡眠日记包括作息时间、睡眠的总体时间及夜里醒来的次数。睡前饮食的情况也可以记录下来,因为这有可能影响睡眠质量。要是你的床伴有睡眠问题,记下他/她打鼾的音量,呼吸是否停止及次数,以及他/她醒来时的感受。

家人需要通过坚持规律的作息时间——每天(包括周末)在相同的时间作息——来支持患者。很多个案中,患者并没有充分的睡眠时间,所以要保证他们至少每晚能够睡上七至八个小时。确保卧室的光线、温度适合睡眠,保持卧室安静。如有需要,用隔光的窗帘将光线全遮住,也可以让患者戴上眼罩或者耳塞。要关掉智能手机和电脑,因为它们可能会释放光线,扰乱生物钟和睡眠。

可获取的资源

国家创伤后应激障碍治疗中心:www.ncptsd.org

全国精神疾病联合会:www.nami.org/Content/Content Groups/Hepine1/Seep_Disorders.htm

斯坦福大学睡眠障碍诊疗中心:www.med.standford.edu/schoo/psychiatry/coe/

第十一章
性创伤和欺侮

什么是性创伤和欺侮

军队中的性创伤(military sexual trauma, MST)是美国政府的退伍军人事务部(VA)用来代指发生在退伍军人在服役过程中的性侵犯或者是无休止的、威胁性质的性骚扰的名词。它包含各种性活动:如违背某人的意愿,迫于压力而发生性行为(例如被威胁若拒绝性合作,将会有恶果,或者是被暗示若进行性交易将会得到提拔和晋升或者得到极大的好处);也有可能在没有能力同意发生性行为的情况下,发生了性行为(例如在醉酒的情况下);又或者是在身体压迫之下进行性行为。还有包括不受欢迎的性接触;对于个人身体以及性行为的威胁性的、冒犯性的言语;威胁性的、不受欢迎的性要求等经历也被列入在军队中的性创伤的目录中。

无论男人和女人都可能会在服役期间经历军队中的性创伤。所有在退伍军人健康管理局见到的退伍军人都会被问及其经历的性暴力，这是由于任何一种创伤都会影响一个人的身心健康很长时间，甚至很多年。但众所周知人们也可以从创伤中恢复。退伍军人事务部提供免费的服务来帮助退伍军人从中恢复。你不需要进行残疾评级就可以接受这些服务，甚至若你没有资格去享受其他退伍军人事务部服务，你也可以接受这些服务。你也不必去报告这些发生过的或者记录在案的事件。

问题的严重性

关于普通的军队中的性创伤如何发生的信息来自退伍军人事务部的总体筛查系统。在这个系统之下，所有在退伍军人健康事务部的退伍军人都会被问及他们在服役期间是否经历过性创伤。退伍军人中回答是的人将被询问是否有兴趣接受军队中的性创伤相关的可用的服务、治疗。不是每一个退伍军人的回答都是愿意或需要这个治疗，或者对这种治疗感兴趣。这里需重点指出，从退伍军人事务部的筛查系统中获得的比率不能够被用作去估计军队中的性创伤在所有服役的美军中所发生的比率。这是由于抽样只来自于那些选择来寻求退伍军人事务部的健康帮助的退伍军人。并且，回答并不代表犯罪者是军队中的一员。

在退伍军人健康事务部中通过军队中的性创伤的筛查，大约有五分之一的女性和百分之一的男性回答了“是”。虽然发生军队中的性创伤的比率女性要更高一些，这是由于军队中男女比率的不平衡，但事实上在退伍军人事务部中男性比女性经历军队中的性创伤的比率只低那么一点点。

问题的表现

当强烈的情感袭来，身体和心理有时会表现得封闭，然后变得麻木。因此，退伍军人可能存在着做爱时的情感体验障碍，尤其在被创伤记忆困扰的时候。就像其他别的创伤反应一样，这种情感上的麻木反应并不是退伍军人本意。

军队中的性创伤如何影响退伍军人？

重要的是我们要记住就其本身而言军队中的性创伤是一种经历，并不是一种诊断或是什么精神健康状况。鉴于退伍军人报告的一系列痛苦的和性相关的经历，我们并不惊讶于退伍军人在这些事上的一系列情感反应。甚至在经历过严重痛苦的经历之后，任何人都会有这样的反应，退伍军人情感障碍的类型、严重程度和持续时间都基于一系列因素，像退伍军人是否有受虐待的历史，其他在同一时间有相同经历的退伍军人的反应类型，以及这样的经历发生过一次还是经常发生。对于一些退伍军人来说，军队中的性创伤的经历会持续影响他们的身心健康，甚至长达数年。

以下是一些军队中的性创伤幸存者，不管男女可能都会有的障碍和困难：

强烈的情感：感觉压抑；具有强烈的、突然的情绪反应；一直处于生气和易怒的状态。

感觉麻木：感觉十分平静，很难体验情感如爱和快乐的情感。

睡眠困难：很难入眠或保持睡眠，被噩梦烦扰。

注意力、集中力和记忆有障碍：很难专注，思想经常游走，神情恍惚，很难记住一些东西。

有酗酒和吸毒的问题：每天过度饮酒或者吸毒；对待记忆和情绪反应时酗酒或是吸毒，喝酒才可以入眠。

对让他们想起性创伤经历的事物存在障碍：感觉紧张并且神经质没有安全感；躲避那些让他们回忆痛苦的事物；难以相信他人。

社交困难：感觉被他人孤立或是失去联络，虐待关系，和雇主或是上级存在矛盾。

身体健康存在问题:性冷淡;慢性疼痛;体重和进食困难;肠胃炎。

在这些退伍军人事务部使用健康治疗的人中,医学记录数据显示创伤后的压力紊乱的诊断以及其他焦虑失调,压抑和其他情绪失调,物质使用失调,大多都是和军队中的性创伤有关。

幸运的是人们可以从创伤经历中恢复并且痊愈,退伍军人事务部有设施服务可以帮助退伍军人恢复。

退伍军人可用的设施包括:

1.所有在退伍军人事务部医疗保健中的退伍军人都会被问及是否经历过军队中的性创伤,然后所有的身心治疗都会和他们的经历联系起来进行治疗,并且都是免费的。

2.每一个退伍军人事务部医疗保健设施内都拥有一个指定的军中性创伤协调者,他们作为一个军队中的性创伤相关问题的联络人进行工作。他们帮助退伍军人去找到和使用退伍军人事务部的服务和项目。他们知道州政府、联邦政府的福利以及社区的资源,这都很有用处。

3.每一个退伍军人事务部医疗保健设施内都有了解军队中的性创伤后续影响治疗方案的信息提供者。许多都有在性创伤方面提供专业的门诊心理治疗服务。诊疗中心同样有经过专业训练的性创伤的咨询师。

4.全国范围内,在医院的住院部都有专门提供性创伤治疗的项目。这些项目是为那些需要更大强度治疗和帮助的退伍军人。

5.为了容纳那些在有异性在场的治疗中感到不适的退伍军人,一些设施将男女分开从而进行治疗。所有住院的军中性创伤项目都有将男女分开睡觉的地方。

关于军队中的性创伤的身心状况都进行保密治疗,为了得到免费的治疗,退伍军人不需拥有伤残评级。退伍军人即便没有资格得到这项服务,他们也有可能享受到这项好处。你也不必去报告这些发生过的或者记录在案的事件。

亲密问题

首先,许多来咨询服务的人员都感觉和家人或伴侣失去联系或者是被疏离。所以你也许不能够告诉你的家人发生了什么。你也许不想通过描述战争去吓唬他们。又或者你觉得没有人可以理解你。你甚至发现去表达积极的情绪是一件很困难的事。这会使得喜欢你的人觉得他们好像做错了什么或者说他们不再被需要。性亲密也许会变得尴尬。记住,要重新恢复亲密,这需要时间。

亲密行为是一种包含体,也即情感和身体的统一。因痛苦分开产生的情感疏离之后,去重新建立这样的亲密关系并不容易。

由于失望、摩擦或者一种拒绝感,伴侣的性趣可能会很高或者很低。在适当的时候,这些可能会过去,但是现实关切的问题也许包括希望依然相爱,去应对谣言,或者关心忠诚度,关心药物是否影响了性趣和表现,以及感到疲劳和睡眠周期的改变。

治疗方案是什么

无论你是否是性虐待的受害者或是经历了情感问题从而影响你的性生活,得到一个正确的咨询是十分必要的。

尽管军队中的性创伤是一个十分痛苦和困难的经历,但是痊愈是有可能的。治疗可以通过管理你的情绪和记忆来帮助你提高你的生活质量,或者对于那些有准备的退伍军人,可以进行关于他们军队中的性创伤经历的深层交流。

家人和朋友如何提供协助

许多作为性创伤幸存者的退伍军人并没有告诉家人和朋友,理解为何披露这样类似事情十分困难是很重要的。军队内的受害者不能够离开他们的岗位,并且他们不得不继续与施暴者一起工作生活在一个危险的环境里。目前还没有一个真正的渠道供受害者对军队中的性创伤进行秘密的抱怨,所以许多受害者选择保持沉默以免影响了他们的职位晋升。同样重要的是，即使当这样的正式投诉出现，犯罪者往往也不能被绳之以法。

这就是为什么受害者们保持沉默的原因，他们需要来自家庭和朋友们的爱和理解。

可用的资源

在退伍军人事务部里退伍军人可以接收到免费的、保密的关于军队中的性创伤的身心治疗。你可以享受军队中的性创伤相关的治疗服务，即使你没有资格去享受其他退伍军人事务部的资源和服务。你并不需要进行退伍军人事务部的残疾相关评定，你也不必去报告这些发生过的或者记录在案的事件就可以得到服务。

在了解到军队中的性创伤幸存者可能需要一些特殊的需求和关心，每一个退伍军人事务部健康管理中心都会有一个有关军队中的性创伤协调员，他们会回答任何关于退伍军人事务部里军队中的性创伤服务问题。退伍军人事务部里还有一系列其他的服务可用于满足在恢复过程中的退伍军人。

其他资源

MakeTheConnection.net：访问这个网站了解一些成功战胜军队中性创伤的退伍老兵的故事。MakeTheConnection.net是一个一站式的资源网站，在这里退伍老兵以及他的家人都可以非常隐秘地搜索关于心理健康的信息，聆听退伍老兵们以及他们的家人们分享他们恢复（创伤）的故事，并且很容易得到他们所需要的帮助。

afterdepoyment.org：afterdepoyment.org网站提供了一个项目去帮助那些受过性创伤的人员促使其痊愈。

MyDuty.Mi：如果你是现役军人，并且是性侵犯的受害者（或者知道谁是受害者)，MyDuty.Mi提供信息和指导帮助你行使你的汇报选择和权力。

DoD Safe Hepine：DoD Safe Hepine这个网站是一个对美国国防部中被性侵犯的成员提供危机支援的服务网站。通过这个Safe HepLine，你可以点击上网，打电话或者发短信，来得到匿名的一对一建议、支持和信息。

24/7：你可以访问www.safehepine.org，该网站具有进行在线聊天和访谈的资源。你可以打电话877-995-5247或者写下你的邮政编码或者名字到55-247(在美国国内，国外202-470-5546)去得到你附近性侵犯反应的协调者的联系信息。

欺　侮

欺侮是另外一个军队都非常重视并极力要铲除的现象。欺侮通常被认为是一种军人的必要过关仪式，但它往往会造成严重的侵犯，包括身体上的以及性方面的，甚至有时会造成死亡。

在2011年发生了几个轰动一时的欺侮事件。两名军人据说在分别受到欺侮后自杀，其中一个来自海军陆战队，另一个来自陆军，他们俩都在阿富汗服役。

尽管军队一直在谴责欺侮行为，并有相关惩戒政策，但是这样的行为仍然在发生。现在国会已经举行了一系列的听证会去调查这个问题的严重性，以及五角大楼的防范措施。

海军陆战队司令阿莫斯(Jim Amos)将军已经要求全面审查有关欺侮政策，命令对所有欺侮申告事件都要进行追查，并且命令相关高层官员加大对虐待事件的处理力度。“无论以什么样的形式发生，欺侮事件是不能够接受的，它破坏了海军陆战队员的信心以及我对海军陆战队的信任以及领导力，从而破坏团队凝聚力和战斗意志。”阿莫斯将军在给全军的信中指出。

不幸的是，关于这个问题是如何蔓延开来的细节很少。当国防部的官员被国会议员问及关于欺侮事件的统计数据时,他们不能够提供任何数字。虽然不清楚是否每个军种里都有关于欺侮事件的记录文件,但是五角大楼还是试着从各个军种获取该项信息。

在2012年3月22号向国会委员会作证时,海岸警卫队的军士长莱维特(Michae Leavitt)说道:

作为海岸警卫队的军士长我保证我们全体人员都被有尊严地和尊重地对待,我非常严肃地表示这是一种责任。

我们不会容忍欺侮事件的发生,欺侮行为本身违背了我们荣誉、尊重和献身国防责任的核心价值观,并且也违背了我们所肩负的使命。

我们已经颁布了明令禁止欺侮行为的政策,其中包括对于每一个军人入伍训练的要求,同时也包括自此之后一年一度的训练。当欺侮发生,我们的政策必将其绳之以法。所有的指挥官都有责任调查任何欺侮事件,并且动用适当的措施来追究那些有欺侮不当行为的人的责任,如果欺侮事件被宽恕,则同时追究相关各级领导的责任。

海岸警卫队将欺侮定义为任何身体、言语、心理上由一个军人导致另一个军人遭受或是暴露在任何冷酷、虐待、羞辱、压迫、贬低或者伤害性的行为,而不管施暴者以及受害者是何军衔。唆使或强迫另一个进行这样的活动也构成欺侮。

海岸警卫队对待欺侮的政策可以在纪律和行为手册中找到。这个政策定义了欺侮,概述了角色和职责,制订了日常训练,并且列出了后果。此外政策中还明确指出经欺侮受害者提出,听任以及帮助欺侮行为发生的人并不能逃避责任。欺侮事件可以根据军事审判统一法典的条款进行裁决。依据欺侮事件的严重程度以及处置方式,惩罚举措包括关禁闭、罚金、降职、离开海岸警卫队。

和欺侮一样,防止骚扰的政策也在海岸警卫队的人权手册中可以找到。防范骚扰被定义为包括不受欢迎的行为,无论是口头上的,还是非口头上的,或者是身体上有带目的性的行为,或者毫无理由地干扰个人的正常工作,或者是根据个人的受保护地位如种族、人种、宗教、性、国籍、年龄、残疾、遗传信息、性取向、婚姻状况、父母状况、政治面貌以及其他被法律保护的情况，制造亲密性、攻击性或是敌对环境。虽然说欺侮和骚扰很相似，但是每一种案件都会以不同的方式上报和做出处理。在每一个案例中，施暴者受到迅速的惩处，根据军事审判统一法典的规定受到解职或者其他处分。禁止骚扰的事件按照海岸警卫队的反骚扰条款和仇恨事件程度，以及根据海岸警卫队的人权手册作为对员工歧视的投诉处理方法来处理，

莱维特说："欺侮的发生典型地与非官方的、没有监控的'入会仪式'相联系。这些'入会仪式'是海岸警卫队不允许的。传统的礼仪习俗是被接受和允许的，但是为防止骚扰的发生，必须得到上级的许可。侵犯和性侵犯在军事审判统一法典中被定义为具体的违法行为，并且可能经常在欺侮行为进行过程中发生。侵犯和性侵犯的事件作为发生在欺侮过程中的一部分常常是令人十分恼怒的因素，因此施暴者往往会受到更加严厉的处罚。"

在2010年2月，海岸警卫队的调查机构结束了持续近一年的调查，从2007年夏天到2009年的春天，对停靠佛罗里达圣皮特港文图拉斯号海岸警卫艇(Coast Guard Cutter VENTUROUS)上的前船员所发生的欺侮行为进行了调查。

经过调查，在2007年至2009年间，七名海岸警卫队员由于在文图拉斯号海岸警卫艇上发生的严重的不当欺侮行为被军事法庭审判。其他一些船员由于情节较轻的违法行为根据军事审判统一法典的规定受到了行政处罚。根据法庭记录，欺侮行为发生在船只航行中船的停泊区域，且上司并不知情。七名被审判的人员中有五人受到了五个月的监禁，六个人被降薪，三个人没收所得，一个人被解职，还有一个人被勒令退伍。

除了发生在文图拉斯号海岸警卫艇上的欺侮事件之外，从2009年起，另有三件源于欺侮事件的案件被审判。它们包括失望岬站事件(Station Cape Disappointment)、塞克托游艇事件(SECTOR Mobie)以及塞克托圣弗朗西斯科号事件(SECTOR San Francisco)。其中两个案件已进入终审。第三个案件将在今年四月进入一审。

23名船员被确认当过靶子或者说是不当欺侮行为的受害者。其中十八人，或者说百分之七十八的受害者是白种人，其他的受害者包括多个民族和人种，

其中一个亚裔,一个非裔,一个西班牙裔,一个夏威夷原住民,一个美国原住民/阿拉斯加人。严重的欺侮行为的受害者的一个共同特点就是资历低下。

欺侮受害者的种族档案

没有可用的资料显示在海岸警卫队是否出现了因为欺侮而自杀的因素。在过去十年,自杀人数每年相对一致,每年大约六人选择自杀,相当于我们劳动力人口的0.01%。

陆军高级军事长钱德尔(Raymond Chander)说:"我对武装部队的总的期望是军队的职业化,我想说的是专业化,职业化,士兵们如何表现,更重要的是他们应该如何互相对待对方。"

海军高级官员维斯特(Rick West)告诉委员会说:"人才是我们最宝贵的资产,他们的个人成功以及海军集体任务的完成,依赖于我们创造和提供促进包容性的、使自己价值得到认同的环境的能力。"

维斯特说道:"欺侮行为明显地颠覆了这些理念,这在海军中是不可容忍的。这是与我们的核心价值观:荣誉,勇气,献身不相一致的;不利于个人的尊严和集体的凝聚力。"

海军陆战队军士长巴勒特(Michae P. Barrett)说道:"欺侮行为并不是我们部队文化的一部分或者说我们是谁,欺侮滋生一种虐待和冷酷无情的气氛。这和我们的核心价值观格格不入。从制度上讲,海军陆战队可以存在和发展的唯一途径就是培养一种气氛,在那里,海军陆战队员们可以拥有每一个机会去运用自己的天赋、背景、文化和技能参与到海军的建设当中来。"

表11.1 一项显示海岸警卫队中根据种族对受到严重欺侮的受害者进行分类的调查结果

白种人	亚裔	黑人	西班牙裔	其他	总共
78%(18)	4%(1)	4%(1)	4%(1)	4%(1)	23

如何处理这些问题?

防止欺侮行为最有效的两个要素就是:训练和领导力。

对欺侮政策的认识和支持的提高有赖于上层领导与各个层次的人士进行沟通以及正式和非正式的宣传推广活动。

举个例子。海岸警卫队的司令官以及太平洋和大西洋区域的司令官，颁发官方文件规定遵守欺侮的零容忍政策是所有海岸警卫队员的职责。该文件要求所有的指挥官都必须仔细阅读，并且在集合的适当时候向所属海岸警卫队员传达文件精神，必须让每一个人都明确。

训练课程旨在培训未来的指挥军官和海军干部。训练课程包括欺侮预防的分课程，旨在确保未来的领导理解并贯彻这项政策。

欺侮预防成功与否不能纯粹依靠军方领导的行动。所有人员必须知道欺侮行为将不再被容忍，没有一个人将再会受到欺侮。为了确保军人意识的养成，许多机构提供给所有的新成员初始的防欺侮训练，并要求每年度进行集体训练。

第十二章
自　杀

什么是自杀

自杀是人们有意识地剥夺自己生命的做法。很多人在他们生命的某个时候会想到自杀，尤其是在那些遭遇极端压力和抑郁的时候。但好在大多数人都挺过来了。自杀与抑郁一样，会影响所有人，无关年龄和背景。

战争经历和战区压力反应，尤其是人员伤亡引起的压力反应，会让一个已经处于抑郁状态的人想要自残或自杀。要是你或者你认识的人出现了这种感觉，请严肃对待，并向他人寻求帮助或施以援手。

通常想要自杀的人会认为他们的处境已经是全无希望。在这种心理状态中，死亡看上去是唯一的选择。但是，总会有其他选择，也总会有希望存在。为了快速得到帮助，你可以拨打全国自杀预防生命热线：1-800-273-TALK(1-800-273-8255)或1-800-SUICIDE(1-800-784-2433)。

问题的严重性

根据国防部自杀预防和减少危险委员会的预防自杀网络提供的数据，每年有3万名美国人自杀。尽管军人中自杀比例要低于平民，但它仍然是导致军人死亡的不可忽视的原因之一。而且，来自美军公共卫生部门的一项研究显示，自2003年伊拉克战争开始以来，美军中的自杀率急速攀升。这项研究的数据主要来自于陆军行为健康综合数据，显示从2004年至2008年期间，陆军中的自杀率上升了80%，而且，这一上升比率与军中存在的抑郁、焦虑和其他精神健康问题猛增的情况类似。

参与这项研究的一位作者说，如此高的自杀率是“美军过去三十年来从未曾有过的”（相关研究参见《创伤预防》杂志）。在数据的基础上，研究者们得出结论说，2008年大概有40%的士兵自杀与美军在伊拉克的军事行动升级有关。

“本研究不认为是美军在伊拉克和阿富汗的行动导致了士兵自杀……而是认为长期持续的战争行动中，军队会处于持续压力之下，在这样的情况下，心理健康问题和自杀是有可能增加的。”该研究的作者之一奇瑞克博士如是说，他是美军公共健康部门的一名高级流行病学专家。

2007年至2008年期间，有255名士兵在执行任务期间自杀。2004年以来，绝大部分自杀者为男性；69%的自杀者选择在战争行动中自杀；自杀者中将近一半的人年龄在18至24岁之间；54%的自杀者是低阶士兵。这项研究还发现，最近一年被确认为心理疾病的士兵的自杀率要高于其他人。

被确诊为抑郁症的士兵有高于普通士兵17倍的自杀率，这一数字也10倍高于患有焦虑症的士兵。确认为适应不良障碍——一种遭遇极大压力事件导致即刻的情绪低落状况——的士兵中，有超过25%的人自杀。

自杀的表现

自杀的危险因素一般包括：

- 压力生活事件与抑郁症或其他危险因素相结合。不过，多数遭遇压力生活事件的人并没有自杀的危险。
- 有家族精神病史或家人曾有物质滥用的情况，尤其是如果其中还有身体或性暴力问题
- 曾有自杀意图
- 家人中曾有人自杀
- 曾经历过他人自杀的事件，比如家人、同事或其他人
- 抑郁、精神疾病和药物滥用（超过90%的自杀者同时有这些问题）
- 家中有武器
- 处于禁闭状态

大部分自杀意图并不是为了引起关注的无害行动，而是极端痛苦的表达。一个有自杀倾向的人不应该被置之不理，而是要让他/她马上寻求心理健康治疗。

大多数心理健康问题并不是由心理健康专家而是在初级保健医生那里被确认的，所以，如果你有以下问题，请如实告诉你的医生：

- 有自残或自杀的想法
- 试图得到药物、枪支或其他可以用来伤害自己的东西
- 谈论或写下那些关于死亡或自杀的东西
- 绝望感
- 暴怒，不可控制的愤怒，伺机报复
- 感到已经没有活下去的理由
- 行为莽撞
- 感到自己被困住了，好像找不到出口

亲友如何协助

自杀热线是免费和私密的,受过训练的咨询师会接听热线从而提供有帮助的信息。要是出现以下情况,你可以联系自杀热线:

悲伤强大得无法抵抗,或感到绝望,想要自杀。

你关心的人可能正经历上述感受。

对自杀预防、治疗及转介有兴趣。

要是有人说他/她想自杀,你该怎么办

如果有人处于可能自杀的危险中,你需要马上采取如下这些行动:

马上告知他人,永远不要承诺替别人保守想要自杀的秘密。

严肃地对待这个人所关心的一切,不带任何评判地去倾听。

告诉他/她做些什么会有帮助,比如不要与同事讨论这些问题,除非确有需要。确有需要可能包括上司或其他可能有帮助的人。

不要让有自杀想法的人接触武器或其他能够实施自杀的致命工具(这可能需要你去寻求更多的帮助)。

寻求其他人的帮助也许是必要的,比如军队执法部门,911或亲友的帮助。

帮助想自杀的人获得专业的卫生保健。你可以把心理健康专家、牧师或咨询师自杀防预热线的电话号码告诉他们。军队一站式资源(电话号码:1-800-342-9647;网址:www.militaryonesource.com)也是可利用的资源。除非想自杀的人们获得救助,否则不要让他们单独待着。

要是人们拒绝救助,不要替他/她保守想要自杀的秘密。告诉能够帮助这个人的亲友或专家或领导。

可用的资源

军队项目

国防部自杀预防和减少危险委员会预防自杀网络

这一网络旨在为预防自杀提供权威和专业的信息。自杀预防和减少危险委员会的工作目标是为军人及其亲友提供关于自杀预防的具体资源，为他们应对牵挂之人出现自杀念头时提供帮助。这一项目同样也可以为公众、心理健康临床工作者和其他专业人士提供关于自杀预防的教育和研究信息，旨在促进专业人员和消费者在自杀干预治疗、政策、教育和研究方面的合作。预防自杀和减少危险委员会的网站主页（www.preventingsuicide.com/dodtest）提供了如何帮助你认为有自杀念头的个体的信息。这些信息每天都会更新，你也可以对自杀越来越了解，同时还可以看到研究者们目前正在做的工作。这个网站还提供了一些特定的服务资源：

空军

空军自杀预防项目：afspp.afms.mi/

陆军

美国陆军健康促进和预防医学中心自杀预防项目：www.apgea.army.mil/dhpw/Readiness/ suicide.aspx ?

海岸警卫队

海岸警卫队自杀意识项目：www.uscg.mil/worklife/ suicide_prevention.asp

海军陆战队

海军陆战队社区服务自杀预防项目：www.usmc-mccs.org/suicideprevent

海军

海军自杀预防项目：www.npc.navy.mil /Command Support/SuicidePrevention

政府自杀预防项目

国家自杀预防生命线

国家自杀预防生命线是一个全国内的24小时免费自杀预防服务，任何一个在自杀危机中寻求帮助的人都可使用。通过拨打1-800-273-TALK (8255)你就能得到帮助，然后按1接退伍军人热线。接着你将会被转接到最近的可以提供心理健康和自杀预防服务的地方。要了解更多关于生命线、地方危机中心和其他资源，前往：www.suicidepreventionlifeline.org/Veterans/Default.aspx。

国家预防自杀战略计划

国家预防自杀战略计划提供关于自杀的事实，最近的出版物，旨在传播关于自杀事件严重性知识的资源。网站的资源可以显示各州具体的自杀预防项目。更多信息，访问：mentalhealth.samhsa.gov/suicideprevention。

国立精神卫生研究所

国立精神卫生研究所的网站包含了美国的自杀统计数据和预防的信息，资源覆盖自杀和相关的精神疾病，还有正在进行的涉及自杀的临床试验。想要查看和了解更多信息，前往：www. nimh.nih.gov/health/topics/suicide-prevention/index.shtml。

疾病控制与预防中心

介绍自杀事实、风险因素、警告标志和预防策略，让你更好地理解如何识别你或你关心的人是否产生了自杀的念头。获悉更多，访问：www.cdc.gov/ncipc/dvp/Suicide/default.htm。

自杀预防支持组织

自杀预防美国基金会

对生命受自杀影响的人提供援助，提供预防的支持和机会。获悉更多，访问：www.afsp.org。

医疗在线

医疗在线提供关于自杀的警告标志和如何处理它们、如何应对自杀的信息。前往:www.nlm.nih.gov/medlineplus/suicide.html。

全国有色人种预防自杀联合会

全国有色人种预防自杀联合会提供的信息包括:抑郁和其他大脑疾病、幸存者应对方法、自杀预防和介入技巧。访问网站:www.nopcas.org/resources。

美国心理健康抑郁筛选

美国心理健康网站介绍了抑郁的症状和治疗,提供免费的、保密的抑郁筛选测试。(注意:这个筛选试验并不旨在提供临床抑郁症的诊断,但有助于识别抑郁症状和确定是否有必要进行医学或心理健康专业评估)访问网站:www.depression-screening.org。

自杀觉察教育组织

自杀觉察教育组织提供抑郁症和自杀的信息、应对损失策略,和资源链接。获悉更多:www.save.org。

心理健康自助项目

心理健康自助项目的目的在于:让你在问题变得严重前,确定自己是否有创伤后应激障碍、抑郁症、广泛性焦虑障碍、酗酒和双相情感障碍的症状并得到帮助。有关更多信息,至:www.mentalhealthscreening.org/military/index.aspx。

自杀预防中心

自杀预防中心的网站介绍了如何处理你或你关心的人自杀,为自杀预防提供了资源,解答自杀的常见问题。访问网址:www.suicideinfo.ca/csp/go.aspx?tabid=1。

自杀预防宣传网络

自杀预防宣传网络为自杀幸存者(那些因自杀失去挚爱和曾经尝试自杀的人)提供支持,并且影响帮助预防自杀的国家政策的发展。访问网址:www.spanusa.org。

第十三章
家 人

家人的重聚与他们分离时一样,会有相当大的压力。如果你与家人重聚时也经历了这样的压力,你应该明白,不是只有你一个人是这样的情况。你可能会觉得奇怪,为什么重聚并不像想象中那样浪漫和让人激动,而且看上去并不那么完美?

其实并不奇怪。当你离开家人时,你可能就已经在脑海里构建他们的形象,你会幻想着重聚时的一切会如何如何完美……你会记得那张放在你钱包里的家人的照片,那是完美的美国家庭的照片。同样的事情也会发生在你的配偶和孩子们身上,当你出发去保卫国家时,你就被放在照片框里的那个人代替了。曾经有过的那些日常生活,像离别、偶尔的争执、对孩子们的严厉等,都会在每个人的记忆中被慢慢淡化。重新团聚好像是解决所有问题的万能灵药:"只要我和家人们重新在一起了,一切就会变得很完美。"但实际上,真实的生活远远不如你想象中那么美好。

这不是说你对回家这件事要满怀愁云惨雾的期待,而是说如果家庭成员互相更现实一些,重聚也会是个非常快乐的时光。要知道,你离家后家人们建立起来的习惯不会奇迹般地消失,所以不要试图去拾起那些你离开前的片断;要是离家前家人就有体重的问题,你不要期望重聚时他们就会少了整整50磅肉;要是孩子们在学校生活里遇到了一些问题,也不要期待这些问题在你回到家的那一刻就会消失不见……

跟家人沟通,大家一起面对家庭生活中存在的那些挑战是非常重要的事情。有些问题是不可能在家人重聚的那一天就完全解决的。给你自己一些时间去享受与家人共处的时光,每一个人都需要在问题解决之前重新开始适应重聚的家庭时光。

危险与威胁

返家士兵最重要的支持来自他们的家庭。越南战争退伍老兵的经历告诉我们,离开战场后如果仍然与家庭脱离并非好事,而且,我们也知道,退伍士兵身上那些由急性应激障碍和创伤后应激障碍带来的问题与日俱增,而这种状况能够在他们的伴侣和父母那里得到缓解和解决。如果退伍士兵需要医生帮助,最好这个帮助能够惠及他们的家人。对退伍士兵和其家庭的支持能够帮助这些士兵尽快或最终重归家庭生活,并降低在将来发生更多破坏性问题的可能性。

问题的严重性

如果伴侣彼此或其中的一位认为两个人意见不合的程度比较深,常感到紧张,或者医生观察到他们的诉求明显是矛盾的,那么与安全需要有关的问题就需要重新评估，需要制订新的计划以使家庭成员能够有安全感。经历了家庭暴力或不信任的夫妻或情侣在安全感的问题上风险最高，尤其需要及时的专业支持。如果夫妻或伴侣能够创造一个可以讨论和协商，以及尽可能解决冲突的氛围，那么专业协助就可以转为帮助他们减少那些可能会威胁家庭的紧张感。这样的专业支持即使对于分开的伴侣来说也特别有价值，不过要注意的是，这必须是在孩子参与进来、父母会共同抚养孩子的前提下才可能发生。

问题的表现有哪些

在退伍士兵身上出现的压力反应会干扰信任和与他人在情感上亲密的能力，因此，军属们会感到在情感上似乎与在军队服役的家庭成员疏远了。退伍士兵易怒、与他人交流有问题等情况会让他们变得难以相处。他们也会感到对家庭活动，甚至是与伴侣的性生活都没有了兴趣，只想躲到一边去。

有创伤经历的退伍士兵常常会有“有什么糟糕的事情要发生了”的感觉，所以总要全神贯注、万分小心，以保证自己和家人的安全。跟退伍士兵们总是害怕提及那些发生在他们身上的事情一样，家人们也总会避免谈及士兵的创伤经历或与此有关的事情。他们不愿意谈这些事情是因为他们想要退伍士兵不再为此难过，也可能是因为他们害怕看到他/她听到这些事情后的反应。家人们会因为从战场归来的亲人并没有从创伤中恢复而感到伤心、疏离或沮丧，也可能因此变得愤怒或与他/她不再亲密如昔。

有什么治疗选择

如果退伍士兵住在家中，临床医生可以与他们的家人会面，评估他们的力量和挑战，锁定那些潜在风险。家人和医生可以一起确定工作目标，以配合退伍士兵的个人治疗目标为最终目标，制订支持家庭重新组织并回到稳固状态的计划。

住院治疗会推迟退伍士兵与家人团聚的时间，或者会使刚刚回到家的老兵们又要面临与家人分离的情况。对于重新团聚的家庭来说，医生对于他们正在治疗的病人是伴侣或是父母的角色身份有清楚的认识这一点非常重要。家庭治疗单元无论是面对面或是通过电话进行的都很重要，它能帮助家庭形成一起努力以达成共同目标的氛围。能否将患者的家庭带入治疗过程，取决于他们距离医疗机构的远近。虽然距离确实会有些障碍，但家人们仍然可以通过电话会议或实地拜访来参与到退伍老兵的治疗中来。

家人和朋友如何协助

对于退伍老兵来说，他们最主要的支持力量来自他们的家庭。家人能够帮助老兵们避免那些退缩行为，主要是提供稳固的关系和归属感，帮助老兵们正视异样情绪和疏离感。而且，他们还能够通过实际的和情感上的支持，帮助老兵们处理生活中的各种压力。

如果患者本人同意，家庭成员参与到治疗中来是很重要的事情。同样重要的是与整个家庭谈谈创伤后应激如何影响家庭以及家人们能够对此做些什么。家庭中的成年成员要让他们所爱的人知道，如果老兵们愿意谈论战争经历，那么他们随时愿意倾听。同时，他们也可以与治疗师沟通，以了解如何行动可以促进老兵们康复。

针对家庭成员的自我照顾建议

- 花时间去倾听所有家庭成员的心声，告诉他们你所关心的。
- 与其他人共度时光，如果有来自关心自己的人（包括大家庭的成员、朋友、教堂或其他社区伙伴）的支持，应对任何事情都会更加容易。

• 加入或建立一个支持性团体。

• 照顾好你自己。家人们有时会将自己的一切毫无保留地献给他们关心的家庭成员，而忽视了自己的需要。关注你自己的饮食、锻炼和休息，花时间做一些使自己感觉良好的事情。

• 努力保持家庭的习惯，比如一起吃晚餐，一起去教堂或进行户外运动等。

部署后返家：面对变化和期望

国家创伤后应激障碍中心

伊洛娜 普威尔 博士

与部署一起到来的是变化，明白什么会发生，知道如何处理变化会让回家这件事更让人开心，并且少一些压力。以下这些提示或许对你有帮助：

对现役军人的期待

• 你也许会有一刹那想念部署时光的那种兴奋。

• 当你不在家的时候，有些事情已经发生变化了。

• 一开始的时候，面对面的沟通可能会比较困难。

• 性的亲密在最初的时候可能也会比较尴尬。

• 孩子们已经长大了，所以他们在很多地方都可能不一样了。

• 管理基本家务的角色可能已经不同了。

• 伴侣们可能变得更加独立，学会了一些新的应对技能。

• 伴侣们可能有了新的朋友和支持系统。

• 你的人生观可能已经发生了变化。

• 你也许想聊聊你的所见所为，不过其他人可能看上去并不那么想听；或者当家人们不停地询问你时，你却不想谈论了。

对伴侣的期待

你的伴侣

- 也许已经变了。
- 也许变得更加开放，或是更加封闭了。
- 可能会被家庭生活的吵闹和烦琐所困扰。
- 在作息时间上可能不一样了。
- 可能会困惑他或她如何适应家庭生活。
- 可能会想要重新负担起他们参军之前所有的家庭责任。
- 可能会因为孩子在拥抱他们时的迟疑而感到伤心。

孩子们会有什么样的感受?

- 小于1周岁的孩子可能不认识你，当你抱他们的时候，他们可能会大哭。
- 1至3岁的宝宝可能一开始会躲起来不见你，然后才慢慢地跟你熟悉起来。
- 3至5岁的学前期孩子可能会对与你的分离感到内疚和害怕。
- 6至12岁正在上学的孩子可能想要你更多时间的陪伴和关注。
- 13至18岁正处于青春期的孩子可能会情绪多变，看似对你毫不关心。
- 任何年龄的孩子都会因为没有达到你的标准而感到愧疚。
- 有些孩子可能害怕你回家（“等到爸爸/妈妈回来的时候！”）。
- 有些孩子可能会觉得自己背叛了一直在家陪伴自己的爸爸/妈妈。

对现役军人的小提示

- 支持那些你的家人们已经做了的善举。
- 花时间跟你的伴侣和孩子聊天。
- 给每个孩子和你的伴侣独处的私人时间。
- 当你要重新找回在家里的位置时，不要急于求成。
- 做好调整的准备。
- 有情调的语言交流能够让性爱更享受。
- 让你的储备持续得更久一些。
- 花时间与爱人聊聊，听听他/她说些什么。
- 轻松愉快地参加聚会。

给团聚伴侣的小提示

- 避免安排太多事情。
- 在做出调整时不要太快了。
- 你和你的另一半需要你们共处的时间。
- 提醒战士们,家庭仍然需要他们。
- 讨论家务的分配。
- 坚持你的预算,直到你有时间来讨论它。
- 与家人相处时,留点时间来进行个别谈话。
- 对自己和伴侣都要有耐心。

给予孩子重聚时刻的提示

- 慢慢来。适应家中那些已有的规则和习惯。
- 让孩子决定如何重新熟悉你。
- 向你的伴侣学习如何管好孩子们。
- 在时间和情绪上做好准备,使自己更容易让孩子们亲近。
- 推迟一两周再尝试改变家中已有的规则和习惯。
- 不要期待家人们跟你离开前一样,每个人都变了。
- 聚焦在孩子们的成功上,少批评他们。
- 鼓励孩子们,让他们告诉你在或你不在的时候发生了什么。
- 给每个孩子和你的伴侣独处的私人时间。

照料者支持

你的伴侣、儿女是军人,便可能会受伤或生病,因此他们出院后的照料问题是必须考虑的。很多处于康复期的军人的家属常常发现他们要承担起照料者的角色,有时担任这个角色的时间并不长,但有时可能会花上相当长的时间,尤其是在那些有创伤性脑损伤的患者个案中。

作为一位新的照料者,你可能会关注你的能力是否足以承担这一任务,疑惑你是否能够应对这一角色带来的挑战,同时,你可能会对前面的路感到害怕,也会对家人受伤或生病带来的损失感到哀痛,还会感到精疲力竭,不知道如何能够得到帮助。

幸运的是，你不是一个人在战斗，有各种各样的资源可以帮助你。作为照料者，你可以依赖各种对你爱人提供帮助的资源，包括做饭、饮食、洗澡和穿衣这些活动。在照顾失能的现役军人或退伍老兵的问题上，你可以获得各种各样的服务帮助。你需要做的是关注他/她的经济情况，做出医疗决定。

评估你的需要

为了准确地了解你需要什么样的帮助，回答以下问题对你有帮助：

哪种类型的帮助能够使你受伤的亲人尽可能地独立生活？（考虑以下选择：稳固的关系，家政服务，购买生活必需品，以及转送至军人治疗机构。）

在什么时候你会需要帮助？

什么样的帮助是你能够得到的？

外部资源需要的花费是多少？你是否有额外的保险帮助来抵销这些花费？

有没有亲友能够参与进来？他们能够提供什么帮助？

照料者的角色会给你带来的影响

研究发现，对照料者生理和情感的需要会置他们于很大的健康问题风险之中：

照料者患传染性疾病（如感冒和流感）和慢性病（如心脏病、糖尿病和癌症）的风险加剧，而且，相比其他人而言，他们有两倍患上抑郁症的概率。

照料者和抑郁

如果你感到悲伤、孤独、精疲力竭或愤怒，你可能正在经历抑郁。在照料者中，经历中度至重度抑郁的情况并不少见。当他们全身心地尽可能照顾好在伤病中的亲人时，他们常常会将自己的身心需要放在第二位、第三位甚至最后一位。这种情况会引起愤怒、悲伤、疏离感和精疲力竭。一旦出现这些感受，照料者们又会感到内疚。他们常常会想："我怎么可以责怪他？受伤又不是他的错。"或者"她是我的宝贝，她需要我。我怎么能够把自己的需要放在她的需要前面？"这些想法会引起巨大的内疚感，而让照料者克服这些消极感受的做法就是再一次将自己的需要置之度外。

每个人都会有不好的感受，但是，如果它们得不到排解，或者我们被其搞得筋疲力尽，那么我们就会把怒气发在所爱的人身上，或者终日以泪洗面。如果你出现了这些情况，意味着你可能已经抑郁了。要知道，忽略自己的感受并不会让它们消失。

抑郁的症状

抑郁的症状每个人不同，只有健康专家才能够确认你是否真的患上了抑郁症。下面这些症状与抑郁症有关：

- 难以保持注意力
- 饮食习惯改变引起显著的体重减少或增加
- 睡得更多或难以入睡
- 总打不起精神
- 对那些你曾经喜欢过的人或活动失去了兴趣
- 感到绝望
- 有伤害自己或自杀的想法
- 有持续的身体不适（比如头痛、胃痛等），但这些症状对治疗没有反应。

要是有以上情况，你必须寻求帮助。如果不这样做，你的生活质量会持续下降。

你要如何战胜抑郁症

首先，你应当向一位训练有素的健康或心理健康专家咨询。如果你认为你患了抑郁症，最好先向你的家庭医生咨询。要是你不好意思说自己得了抑郁症，你可以告诉他们你“心情不好”或“快要崩溃了”。他们会知道要怎样问你问题，你只需要准备好回答下面这些问题：

- 你为什么会这样想？
- 这些症状是什么时候开始的？
- 你有这样的感觉多久了？
- 为了让自己的感觉好点，你会多久饮酒或使用药物一次？
- 你有家人患有抑郁症吗？

• 你有可以信任的朋友或某个人吗？

除了专家的治疗外，你也有办法自己帮助自己，虽然没有什么能够替代专业治疗，但你可以通过采用下面这些方法减轻你的抑郁症状：

• 制订现实目标。比如提前三十分钟上床睡觉，早上就把洗碗机放好，做一个简单、快速而非更精致的晚餐。

• 试着和其他人待在一起——比如你信任的朋友。

• 做一些让你开心的事情，像三十分钟的身体锻炼，看电影，或者与朋友喝咖啡。

• 将一个更大的任务分解成小块，完成你力所能及的部分。

• 试着用更积极的思维方式。

• 让你的朋友和家人帮助你。

• 平衡饮食。

在上述情况下，帮助就如同你的亲友一样重要。请记住，这个世界上不是只有你一个人如此窘迫，你可以通过支持团体、个人或网络找到跟你一样处于相同困境的人们。这样，你会发现，跟他们一起分享会非常有效地帮助你。

社区治疗选择

社区治疗项目和服务因为需求的不同，在不同的州、地区和社区是不同的。大多数治疗机构和组织可以在联邦资源黄页（the Nationa Resource Directory）上找到。

来自亲友、宗教团体、本地组织、邻居和他人的支持能够分担照料的责任，比如家务、对你和爱人的情感支持，以及帮助受伤的军人恢复到能参与社会娱乐活动的健康水平。

你需要制作一个能够帮助你的人和资源的通讯录以备日常和紧急状态所需。下面这些信息和参考能够帮助你锁定本地资源。

可利用的资源

美国红十字会。为140万现役军人和他们的家人提供服务,红十字会也为120多万全国警卫和预备役士兵还有居住在美国几乎每一个社区的军属提供服务。红十字会的工作者还为短暂离开军事基地的军人和他们的家庭提供支持服务和说明红十字会将会在他们就业期间给予帮助。见www.redcross.org。

现役军人和社区化军事都可以依靠红十字会提供应急通信和他们的家人取得联系,获得资金援助,以及心理咨询辅导和帮助退伍军人。在美国,服务武装部队的红十字工作人员分布在756个红十字分会中,遍布于世界各地58个军事基地,与在科威特、阿富汗和伊拉克的军队同在。军事一源信息服务是一种关于军队生活方方面面的"一站式信息服务"。提供有关资金、养育、搬迁、情感状况、工作和健康以及许多其他主题的丰富信息。网站上有很多针对受伤军人及其家庭的话题。见www.militaryonesource.com。

陆军一源信息服务。网站上为陆军家庭提供了有关各种主题的准确的、最新的文章及信息。见www.armymwr.com。

杜鹃花慈善机构。为士兵、水手、飞行员和海军陆战队在伊拉克和阿富汗的服务中生病、受伤者提供帮助和救灾物资。它为军事医疗中心、退伍军人医疗中心购买指定的康复设施。并为受伤的士兵和他们的家人提供热线服务。参见www.azaleacharities.com。

美国蓝色恒星之母是一个由过去或现在有孩子服务于部队的母亲们组成的一个非营利组织。他们的使命是"相互扶持孩子们,同时促进爱国主义"。参见www.bluestarmothers.org。

全国军人家属协会。它的主要目标是培养军人家属关注他们的权利、福利和提供服务给他们;告诉他们影响他们生活的问题,以及通过影响立法和政策的制定和实施的影响促进和保护军人家属的利益。优秀的出版物在线平台都是可以利用的,例如"受伤的军人和他们的家庭资源""你的服务成员,你的军队——父母的指南"。见www.militaryfamily.org。

第十四章
无家可归与心理健康

据估计有三分之一的无家可归人口曾穿上制服在军中服役。美国退伍军人事务部粗略估计约有6.7万退伍军人无家可归,是在一年中某段时期内因某种原因而无家可归人数的两倍,还有一些退伍军人处在流浪街头的边缘或风险中。

退伍军人事务部说这些流浪的退伍军人绝大多数是男性,其中只有大约5%为女性。他们中的大部分是单身,来自城市,患有精神疾病,有酒精或物质滥用问题,或有某种并发症。

无家可归的美国退伍军人曾在第二次世界大战、朝鲜战争、冷战、越南战争、格林纳达战争、巴拿马战争、黎巴嫩战争、阿富汗和伊拉克战争和南美的反毒品种植这些行动中服役过。将近一半的人曾在越南战争期间服役,三分之二的人的服役时间超过三年,三分之一的人曾在战区驻守过。他们中有56%的人是非裔美国人或西班牙人,尽管这两类人仅分别占到美国人口的12.8%和15.4%。

除此以外,还有大约150万退伍军人正处于由于贫困造成无家可归的危险边缘:他们缺少支持网络,居住条件十分拥挤或居住条件不合格。将近50万(467877)名退伍军人有很重的租房负担,他们收入的50%以上要用来缴纳房租。因此,他们中有55%的人生活在贫困线以下,43%不得不依靠领取食物救济为生。

除了一系列造成无家可归的因素——极度缺乏保障性住房、基本生活开支和卫生医疗保障——大部分无家可归或有无家可归的危险的退伍军人都经历着创伤后应激障碍和精神类药物滥用的长期影响,而这往往是由于缺少家庭温暖和社会支持所造成的。无家可归的退伍军人最需要的是一个远离酒精和毒品、安全干净的环境。

尽管"大部分无家可归的都是单身、没有家庭的男人,但矛盾的是,大部分现有的联邦无家可归项目的住房基金都致力于帮助没有固定住所的家庭或是需要养育孩子的母亲"。这一研究同时指出:"无家可归的问题等同于住房问题吗?"(Wright and Rubin,1997,P947)

退伍军人事务部于2011年12月发表声明称,将用五年时间解决退伍军人无家可归问题,目的是让所有可能存在无家可归风险或努力摆脱无家可归状态的退伍军人能够轻松获得包括预防、住房保障、治疗、就业和职业培训在内的各种项目和服务。他们还宣布,将为全国的各类社区机构提供总额10亿美元的经费,用于防止近四万两千名退伍军人和他们的家庭陷入无家可归的境地,并帮助他们有个稳定的住所。这一基金在2012年通过退伍军人家庭项目(VA's Supportive Services for Veteran Families, SSVF)的支持服务——一项预防无家可归和帮助家庭有居所的项目——来分发。

导致退伍军人及其家属无家可归的问题由来已久。退伍军人事务部的秘书艾瑞克·K.塞色克(Eric K.Shinsek,2010)说:"为存在无家可归风险的个体,提供更多的预防服务资源,我们能够持续地帮助更多的退伍军人及其家庭继续生活。"

去年，退伍军人事务部通过退伍军人家庭项目提供了6亿美元给遍布40个州和哥伦比亚特区的85个社区非营利组织，通过它们为近2.2万人提供咨询、培训、教育协助、直接但有时间限制的财务资助、交通、儿童照顾、租赁、公共设施以及其他旨在防止无家可归或为退伍军人及其家属提供住所的项目。

成为无家可归者并不意味着退伍军人有精神方面的问题，尽管他们中有些人的确有精神问题。不过，无家可归的事实恐怕确实意味着很多退伍老兵没有得到适当的医疗照顾和适合他们的咨询服务，这使他们常常会处于得不到治疗的情况。

凯斯·哈瑞斯博士是心理卫生无家可归和住地疗养项目的临床治疗主管，他认识到在无家可归的退伍军人中存在的脱离社会的问题：

“无家可归最严重的问题就是缺乏控制力。‘发生在我身上的一切都是我自己造就的’这句话可以总结我们的治疗方法，通过治疗，我们找到了帮助无家可归的人们摆脱一直沉浸其中的受害者情绪，转向一个正在形塑自己生活的、指向未来、更具活力的角色的方法。

无家可归的退伍军人中有药物滥用或者心理疾病的个体所占比例已是公开的秘密。最近关于无家可归的退伍军人的卫生保健项目的年度报告来自退伍军人事务部的外展服务和个案管理项目，这一报告显示，64%的退伍军人被确认有毒品或酒精依赖方面的问题。

还有57%的无家可归退伍军人被诊断出患有严重的心理疾病，主要是：精神分裂、精神失常、情感障碍和PTSD。

同样值得注意的是，82%的退伍军人被诊断为要么有药物或酒精依赖问题，要么有严重的心理疾病（美国退伍军人事务部，2010年）。”

（以上数据根据不同的项目报告而有所不同，这些项目的目标和敏锐度都不同。）

为解决大部分无家可归的退伍老兵有药物滥用或精神疾病的问题，退伍军人事务部将关注点放在治疗上，通过无家可归项目使退伍军人不仅得到了治疗，也得到了他们需要的某些专门护理。

当你考虑到造成无家可归的原因时，除了没有工作或缺少收入来源，往往还伴有心理疾病或者药物滥用甚至二者兼有的因素。所以，我们要双管齐下，一是要帮助他们解决住房和工作问题，二是要有保证心理健康、治疗物质滥用问题的支持项目。（美国退伍军人事务部，2010）

项　目

美国住房和城市发展部（The US Department of Housing and Urban Development, HUD）和退伍军人事务部共同努力，试图解决退伍军人无家可归的问题。通过一些像HUD-VASH的工具，他们的努力已取得了实质性的进步，在过去2年里已解决了相当于以前的20倍的退伍军人的住房问题——自这个项目启动已有不止2.5万名退伍军人受惠。

到目前为止，预防无家可归的复苏法案和快速安置计划成为另一重要资源。根据无家可归的紧急援助和快速过渡性住房（Homeless Emergency Assistance and Rapid Transition to Housing, HEARTH）法案，住房与城市发展部、退伍军人事务部将会继续共同为从伊拉克、阿富汗回归的退伍军人提供预防无家可归的复苏法案和快速安置计划的快速安置和预防服务。这意味着从此以后退伍军人将真正享受到源源不断的资助——从预防和外展服务，到（提供）紧急庇护所、过渡性住房、快速安置房，再到保障性永久住房等。

针对退伍军人的社区无家可归问题评估、本地教育和网络团体（CHALENG）

在地方层面，退伍军人医疗中心指定针对退伍军人的社区无家可归问题评估、本地教育和网络团体（Community Homelessness Assessment, Loca Education, and Networking Groups for Veterans,简称 CHALENG)来承担为退伍军人服务的联系站点,以使这一机构在退伍军人所居住的地区能够发挥应有的作用。多年来,这一组织与当地的一些机构合作,共同为无家可归的退伍军人提供帮助。92%的联系站点都与住房与城市发展部持续关怀组织团队相邻,以保证退伍军人能够参与并持续受惠于关怀活动。

• 在全国各地,退伍军人事务部的无家可归计划包含了超过5000份正式或非正式的机构间合作协议,服务于无家可归的退伍军人。

• 设立了3118个外展服务点(比如收容所、施粥所、福利办公室或者其他接待无家可归者的地方)。

• 大概五分之一(21%)的外展服务点有由社区伙伴来运营和管理的类似校园宿舍的住房项目。

• 因为住房与城市发展部的住房保障计划在全国范围内的推广,95%的永久住房行动计划都成功了。

• 针对退伍军人的社区无家可归问题评估、本地教育和网络团体的联系站点优先满足如永久性、紧迫性、过渡性的住房需求,就业、牙科保健、交通、退伍军人残障养护/养老、就业培训、食物以及收容中心或日间照顾等需要。

• 尽管总体消费排序可能会将某种高级别的未满足需求放在前面,但在无家可归的退伍军人中,这种情况会有很大不同。比如,“儿童看护”无论在哪里都是未满足需求中排名最高的,但在庇护所或者大街上的退伍军人们的未满足需要列表中,它还未进入前十名。

• 退伍军人事务部的高度整合的医保模式让退伍军人可以容易地获得医疗和心理健康服务。退伍军人将这些服务评估为高级别的应满足的需要。但是,并非所有的医保需要都被满足了。无家可归(指睡在大街上、庇护所或者其他不适合人长期居住的地方)或者受惠于永久住房项目的退伍军人分别将牙科保健排在未满足需求的第三位和第一位。

• 家庭和法律因素被视为第四个未被满足的需要,排在永久性住房、过渡用住房和紧急住房需求的前面。

可利用的资源

退伍军人事务部提供了一系列的计划和服务,旨在帮助无家可归的退伍军人们尽可能地自主生活,这些计划和服务包括:外展性服务、临床评估、转介到药物治疗、就业援助及永久性保障住房。

登录退伍军人事务部无家可归退伍军人网站(www.va.gov/homeless)可查询更多信息:

• 预防服务,包括无家可归退伍军人的全国呼叫中心、退伍军人司法援助(Veteran Justice Outreach)、低收入退伍军人的保障服务等。

• 住房保障服务,包括住房与城市发展部和退伍军人事务部的住房保障项目(HUD-VASH)和补助及津贴计划

• 治疗包括无家可归的退伍军人的医保计划(HCHV),返岗医保(HCRV),无预约门诊中心和居家护理项目

• 就业/岗位培训(补偿性工作疗法)

• 福利/其他服务

• 其他资源

你还可以找到一个无家可归军人的协调员/州政府制订的计划。

• 保持联系网:登录这个网站,你可以浏览成百上千的退伍军人战胜心理疾病的故事。在该网址,退伍军人及其家人可以私下查询有关心理健康问题的讯息,分享他们战友及家人战胜挫折的故事,还可以很容易地找到他们所需要的帮助和资源。

• 观看克服心理疾病的退伍军人的致谢录像,可以查询到无家可归问题的信息和获得帮助的资源。

护理者

家庭护理联盟—全国护理中心:www.caregiving.org/

全国护理联盟:www.caregiver.org

公共健康和社会福利—医保点—护理中心:www.medicare.gov/caregivers/caregiving_exchange.asp

第十五章
心理弹性

什么是心理弹性

心理弹性是指面对压力和改变人生的重大事件却能有效应对并复原的能力。它可以帮助我们在结束海外部署后重回正常生活,并赐予我们度过逆境和疾病的力量,特别是如果有一个强大的、充满爱的群体陪伴时。

返家后,你也许需要重新学习如何感到安全、舒适和信任你的家人。发展心理弹性会帮你做到这一点并让你在这个过程中成为更坚强的人。

你必须重新去认识彼此。和伴侣、孩子、父母、兄弟姐妹、朋友、同事等进行良好的沟通很关键。给彼此机会去了解你的经历。当你跟家人交谈时,仔细倾听。如果每个人都相互尊重,愿意打开心扉并考虑多种可能性,家庭在这种情况下起到的作用最大。

改善心情的自助技巧

独处一段时间，并非坏事。但是如果你大多数时候都是独自一人或者拒绝社交聚会，你将会被家人和朋友孤立。你需要他们的支持以利于健康地适应生活。你可以通过以下途径让自己感觉更好一些：

- 有规律地作息和锻炼
- 追寻自己的爱好以及参加娱乐性活动
- 安排足够的休养与恢复时间以及与伴侣的亲密时间
- 尝试放松的方法（冥想、呼吸训练）来减压
- 学着留意并处理问题
- 在与之前的战友保持联系和花时间在你的伴侣、孩子和其他家庭成员、朋友之间建立平衡
- 交流而不仅仅限于必须知道的基本事实
- 以一种适合自己的节奏在某时说出你的战区经历
- 不要酗酒，无论是在你抑郁的时候还是避免一段令人烦忧的记忆的时候。有节制地喝酒，或者不喝
- 为家庭、学校和工作制订贴合实际的工作量

逐步开始正常生活

在你回家的短时间内，跟你的家人进行一次关于责任的敞开心扉的真诚的对话。既然你已经回家了，你们都应该决定如何分工。通常情况下，先进行一些少量的工作是最好的，在慢慢适应之后，再增加工作量。愿意让步，能让你和你的家人都感到需求是被理解和尊重的。

尽快试着重建正常的作息。每天按时睡觉和起床。不为了帮助睡眠而喝酒。

尝试学一些放松的技巧，比如说深呼吸、瑜伽和冥想。

需要记住的重点：

- 重新适应平民的生活需要时间——当你遇到挑战的时候不要焦虑。找到解决问题的办法。不要逃避。
- 逐渐地承担各项职责和参加各种活动
- 与你的社会支持重新建立联系。虽然也许你不想这么做，但是无论如何总是要做的。社会支持对成功地重新融入社会很重要
- 唤醒你的战斗意志来理解自己的一些不自觉行为的来源
- 提醒你爱的人你爱他们
- 意识到你需要说出在战区部署中你的经历
- 如果你不能对你的家人和朋友说，一定要向牧师或者心理咨询师倾诉

红色标记：

现在你知道了，这些都是战争造成的后续影响的正常反应。但是，有时候这些让你在战争环境中生存下来的行为，可能会让你在家庭生活中走入歧途。在你安全回家之后，你可能没有办法摆脱它们。有些问题的解决需要外界的帮助。

即使是很严重的战后心理问题也可以被成功治疗并痊愈。承认自己有问题是一件很难的事情：

- 你也许觉得你应该独自面对它
- 你认为别人都帮不了你
- 你相信这些问题自己会消失
- 向别人谈论起这些问题你会觉得很尴尬

如果你陷入悲伤不能自拔或者是影响到了你的日常生活，这时你就需要外界的帮助了。如果发生以下事情，你就需要注意了：

- 关系问题——频繁的强烈的冲突，很少的交流，逃避责任
- 与工作、学校或是其他的社会团体相处不佳——经常缺席、冲突、拖延、注意力不集中、绩效差

- 有伤害自己或他人的想法

- 早寻求帮助，就能避免发展成为严重的后果。如果你因为抵触或是要面子而迟迟不寻求帮助，你的问题迟早会让你丢掉工作，毁掉你的爱情和幸福。关键是及早发现心理或是情绪上的问题，并进行管理和治疗。

家人和朋友如何帮助

适时寻求帮助对建立心理弹性很重要。除了关心你的家人和朋友，人们还会通过以下这些途径寻求帮助：

自救和支持团体。这些社会团体可以帮助人们走出伤心之事，比如爱人的离去。通过分享信息、想法、情绪，团员们可以互相帮助，并且得到安慰，因为他们知道自己并不孤单，还有很多人都跟他们一样在困境中徘徊。

书籍或是其他出版物。很多成功度过逆境的人都会将他们的故事写下来，比如成功战胜了癌症。这些故事也许会激励读者找到一条适合自己的解决之道。

网络资源。网络上的信息是大家想法的云集之处，有时会找到一些有用的资源，虽然这些信息的质量相差很大。

对大部分的人，使用他们自己的资源或者是上述方法就可以帮助他们有效地建立起心理弹性。但是，有时也会有一些个体在建立心理弹性的过程中遇到困难而停滞不前。

有执照的心理咨询师。心理学家能够帮助人们在前进的路上找到合适的方法和策略。如果在巨大的或者严重的人生变故面前，你的基本日常生活无法继续下去，此时寻求专业的帮助是很重要的。

不同的人有不同的沟通模式。当你与心理咨询师交流或是参加一个支持团体的时候，你应该身心放松，并与他们保持一个和谐的工作关系。

安全求助热线，开创性的军人危机支持服务

国防部已经开设了安全求助热线,一个突破性的针对国防部团体成员中受性侵犯影响者的危机支持服务。安全求助热线为全球范围的国防部团体提供实时的一对一支持和相关信息。

这项服务具有保密性、匿名性、安全性,可在全球范围内,24小时无休通过网站点击、电话或短信向求助者提供他们需要的帮助。安全热线服务人员通过以下三种方式提供帮助:

在线求助热线

安全求助热线通过SafeHepine.org上的安全即时通讯提供实时的保密性帮助。该网站也包含了上报性侵犯和康复的重要信息。

电话求助热线

仅需打个电话,安全求助热线就能提供实时保密的帮助。电话求助热线无论何时何地都可使用——一天24小时,一周7天,全球范围:877－995－5247。该电话号码在美国境内或者通过国防转换网(DSN)拨打都是一样的。当通过国防转换网拨号时,有四个免费电话区号(800,888,866和877) 作为国防转换网区号可以直接拨号。国防转换网用户在十位免费号码前加拨94就能拨打美国免费号码。

电话求助热线工作人员可将电话转接到安置点和基层的性侵犯应对协调员(SARCs)、军队一站式服务、全国自杀预防热线和公民性侵犯服务部门。在美国境内和全世界范围内通过国防转换网拨打号码相同。

短信获取信息

安全求助热线能通过发送手机短信向你提供推荐服务。发送你的邮政编码、安置点或基层名称到55-247(美国境内)或者202-470-5546(美国境外),安全求助服务热线将会回复对应安置点或基层的性侵犯应对协调员的联系方式。同时,在这里你也能寻求帮助。

安全求助热线服务(网络在线、电话或短信)是由国防部性侵犯预防和应对

办公室(SAPRO)管理,由全国最大的反性暴力组织RAINN(强奸、虐待和乱伦全国网络)进行操作。无论如何,你的信息都是保密的,反性暴力组织不会将你的姓名或其他个人身份信息透露给SAPRO或者你的上级。

反性暴力组织创立了全国性侵犯热线(800.656.HOPE)并和国内超过1100家当地强奸危机中心合作运行。反性暴力组织同时也运行全国性侵犯在线热线(onine.rainn.org)。从1994年开始,这些热线帮助过的人已超过160万。

可利用的资源

美国心理协会:www.apa.com

明尼苏达大学——心理韧性资源中心:www.cce.umn.edu/National-Resilience-Resource-Center/

研究所研究人类心理韧性:www.bu.edu/CPR/

第十六章
健康与保健

什么是健康

保健是保护健康的一种积极生活方式，包括你吃什么喝什么，你怎样运动以及如何管理压力。它通常涉及生活方式的改变，但其基准是更加健康、长寿、快乐而无压力的生活——这绝对是值得追求的东西。

自我帮助

健康研究显示会照顾自己并有科学生活方式的美国人更加健康，更有效率，工作时更少请假，对医药的需求更少。一篇发表在《美国医学协会杂志》的文章推测这种健康的方式导致对医药总需求下降17%,因小病小痛对医药的需求更是下降了百分之三十五。

只要你合理地摄食,适当地运动,正确处理好压力,你就能达到身心全面健康。

合理的饮食

保持健康的体重意味着你需要均衡摄入卡路里和消耗利用卡路里。

如果你的体重保持不变,你处在收支平衡状态。说明你摄入的卡路里的量和你身体利用的卡路里基本一致,所以你的体重基本不变。

如果你的体重在增长,你摄入的卡路里高于你身体消耗的卡路里。这些多余的热量被转化为脂肪储存起来,所以你的体重增长了。

如果你的体重在下降,你摄入的卡路里少于消耗的卡路里,你的身体在消耗细胞储存的脂肪以转化为能量,所以你的体重在下降。

BMI是一个了解你是否处在健康体重的简单的方法。下面是BMI表格的链接:www.move.va.gov/downoad/NewHandouts/Misceaneous/M06-BMICharT.pdf

*BMI*指数的意义

偏轻:BMI小于18.5

正常:BMI在18.5-24.9间

偏重:BMI在25-29.9间

肥胖:BMI大于等于30

正常的体重对于保持健康很有意义,也可预防控制很多疾病。超重或者肥胖会增加你患糖尿病、高血压、胆固醇代谢疾病、心脏疾病、膀胱疾病、女性健康紊乱、关节炎甚至一些肿瘤和睡眠呼吸暂停的风险。

科学地饮食,选择多种低热量高营养的食物和饮料。挑选食物时要限制对脂肪、胆固醇、添加的糖、盐和酒精的摄入量。

家庭饮食

- 掌握好、计划好健康的优质正餐和零食。
- 不要食用放于包装盒或食品袋的食物除非他们是小包独立包装。

•将食物放在盘里或碗中，这样你就可以知道你吃了多少。

•用(规格)小点的盘子、碗或杯子。

•烹饪时谨慎品尝。

•坐在桌边吃。

•将你的盘子固定放在厨房，吃饭时拿到桌上。将放食物的碗碟，容器放在厨房，这样你就不会被诱惑吃得更多。

•让剩菜剩着。

•边吃饭边看电视，用电脑或是打电话都会导致你吃得过多。

•慢慢放松并享受食物！你既可以在做饭的过程中又可以在吃的过程中享受到快乐。

三餐开支要合理

吃得健康并不一定要吃得贵。下面是一些使你的热量摄入和预算开支保持平衡的建议：

•事先计划好每周的菜单，制作一个购物清单并且坚持完成它。

•浏览市场每周最热销产品的广告。

•剪下优惠券。只选择你需要使用的和真正实惠的。

•饥饿的时候尽量不去购物。

•比较商铺和同类品牌以选择最好的产品。

•利用好产品。成批烹饪并冷冻或是利用剩菜剩饭做下一餐。

•在花费较多的餐食中加入大量蔬菜以增加分量。

•阅读食物标签以获取最多的营养，并最大限度地利用好钱。

•选择当季的时令蔬菜水果。去当地的农贸市场买。

•蔬果在最新鲜的时候罐装或是冷冻。选择冷冻不加糖的水果或是用自身汁水罐装的。

•蚕豆、豌豆、鸡蛋、罐装金枪鱼和花生酱都是蛋白质良好的来源，值得购买。

•自己种植蔬菜，水果或是药草。

零食的热量

50-75卡路里

- 一块中等大小的新鲜水果或是半杯至一杯切好的水果。
- 一杯生的蔬菜，如切片的辣椒，蘑菇和西红柿拌上两大汤匙鹰嘴豆泥或是脱脂色拉酱。
- 两片椒盐苏打饼干配上两茶匙花生黄油。

100-125卡路里

- 一杯脱脂无糖酸奶配上半杯新鲜或是冷冻无糖的浆果。
- 一块普通米糕加上半茶匙花生酱和半根切好的香蕉。
- 半杯松软干酪加上四分之一杯浆果。
- 一片吐司加四分之一杯百分之一的松软干酪，并撒上肉桂。
- 水果奶昔和四分之三杯脱脂酸奶和半杯水果。
- 一盎司椒盐卷饼。
- 三片无花果饼干。

150-200卡路里

- 半份小麦皮塔饼和一盎司低脂奶酪加半杯烹饪过或新鲜的蔬菜。
- 一小个裹有一片低脂奶酪和一茶匙沙拉酱的玉米圆饼。
- 一片面包配上芥末，两片火鸡鸡胸肉，一片西红柿。
- 一个小苹果和一茶匙花生酱。
- 四分之一杯坚果葡萄干。
- 一根谷物棒或是减脂燕麦棒。
- 四杯低脂热气爆或是微波爆的爆米花。

特定场合的饮食

像派对、庆典或是节日期间的餐食有过度饮食的风险。下面是一些小建议：

- 想想你目前已经成功减掉的体重以及你为此付出的诸多努力。乱花钱胡吃海喝值得么？
- 避免饮用酒精类饮品，仿佛它们不含卡路里从而使你更难抵挡住诱惑。

提前准备

在参加聚会前吃一点正餐或是零食，这样你不会太饿。

提前多喝一些水或低热量饮料以饱腹。

• 别太克制

尝试品尝那些特色食物，但要限制好量。慢慢品尝，享受每一小口食物。

选择蔬菜干之类低卡路里的点心以平衡饮食。

• 让你的手和嘴巴忙起来

专注于交谈，好好享受时光而不是吃。去跳舞！

嚼口香糖或是含薄荷糖。

手里随时拿一杯低卡路里饮料。如果你的手很忙就很难吃太多。

别去

• 最好的抵制诱惑的方法就是避开诱惑。

选择餐厅的技巧

• 选择提供健康食物选择的餐厅。很多餐馆有网站，事先去查看一下菜单。

• 你并不需要吃光所有点的食物，你可以打包部分食物带走。

食材的准备

• 不要惧于询问食材如何处理。

• 要求低脂烹调，少加或不加黄油或食用油。

• 选择那些烧烤的、水煮的、蒸的、烘焙的食物，而非快炒的、深煎的。如果菜是快炒的，要一些红酒或柠檬汁备用。如果你一定要吃煎制的食物，除去上面的面包屑和皮。

• 要一些酱料放在手边。

开胃品——选择汤或是沙拉

• 选择清淡的汤和番茄为主的汤。

• 避免吃那些用奶油作为基础食材的食物，像番茄浓汤，杂烩浓汤或是乳酪浓汤。

● 不吃含煎炸食物的沙拉。要一些禽肉、猪肉，或者海产品待烤。

● 要脱脂或是低脂的调料。永远要求把调料放在一边而不是放在沙拉里，尝试在沙拉里放醋或是柠檬汁。

● 别吃过量的油炸面包丁、奶酪、鸡蛋、坚果、炒面等。

主菜

● 当你选择素菜时，避免奶酪，奶油之类的。

● 选择去皮的禽肉，首选白肉以及猪牛肉里瘦肉的部分，像里脊、伦敦烤肉或是菲力牛排。避免肋条肉，上肋和其他五花肉类。

配菜

● 选择不同颜色的蔬菜。

● 跳过用奶油烹饪的蔬菜和那些含奶酪的。

● 敢于尝试。尝试些新的菜品而不是永远备用的薯条。

● 选择新鲜水果或是拌沙拉，而不是土豆沙拉、凉拌菜丝、通心粉沙拉等。

饮料

● 吃饭时喝大量的水或低热量无糖饮料。

● 考虑选择低脂或脱脂乳。

甜点

● 新鲜水果。

● 要一小杯低脂冰淇淋，果汁冰糕，果冻或一块天使蛋糕。

● 如果你点了甜点，可以和其他人分食。

面包

● 如果面包对你诱惑太大，就让服务员不要端上面包篮。

● 每餐限制一至两片的摄入量，选择烘焙面包，面包卷或是撒盐饼干代替羊角面包，松饼和谷物面包。

● 不要吃黄油或人造奶油。如果需要吐司，要求不要涂黄油。

● 慢慢吃。慢慢品味食物的口感味道，让自己享受！

水——多喝！水在机体中有重要作用。喝足够的水是健康生活方式的很重要的一部分，也是一种成功管理好体重的计划。下面是一些窍门：

- 有时候当我们脱水时我们会感到饥饿
- 不要等到口渴再喝！一天要不间断地饮用
- 总是随身携带水壶
- 每天不间断地设有“喝水时间”
- 吃饭时饮用脱咖啡因饮品或白开水
- 不要跳过喷泉——总去喝一小口

人体需要多少水？

- 成年人平均每天失去约2.5夸脱（约十杯水）。因此，每天喝大约八至十二杯水才足够。
- 高温、运动和饮食（高蛋白食品的摄入，咖啡因，酒精）会增加你对水的需求。

怎样才能保证你摄入了足够的水？

- 检查你的尿液——它应该是清亮的，颜色较淡的。

脱水——警示性的症状

- 恶心反胃
- 呕吐
- 头痛
- 体温升高
- 干燥的嘴唇和舌头
- 干燥的皮肤
- 水潴留问题
- 肌肉或关节酸痛
- 沙哑的声音
- 便秘

- 心神不宁
- 肌肉痉挛
- 不常见的深色尿
- 轻度头痛并精力不济

运动

尽可能让身体活跃起来。为了健康，成人每周至少做两个半小时中等强度的运动或是一小时二十分钟的高强度有氧运动或是相同强度的两者结合。你的体重和健康状况都会有所改善。

生活方式的改变包括健康饮食，规律运动，并保持健康的体重，这些对健康都很重要。如果你想减肥，即使减一点都会对身体有益处。

只要减掉你现体重的百分之五至十就可以减少你患很多疾病的风险。

一个理想安全的减肥方式是一周减一至两磅。你可能需要六个月才能到达预定的理想体重，但是渐变的生活方式可以帮你终身保持更健康的体重。

规律地锻炼身体的益处

- 帮你管理体重
- 减少患心血管疾病的风险
- 减少中风的风险
- 降低血压
- 减少患结肠癌的风险
- 预防或是控制糖尿病
- 可能增加对身体有益的胆固醇量，减少对身体有害的胆固醇量
- 提高睡眠质量
- 强健骨骼并预防损伤
- 增加肌张力和耐受力
- 增加运动的灵活性和范围
- 改善心情

- 减压并减少忧郁
- 增加自信
- 使自我感觉良好

运动应该是快乐的。你不喜欢运动？有很多途径可以让你身体活跃起来而不让你感觉到在锻炼或运动。

- 和别人出去散步
- 跳舞
- 动员全家参与像漫步公园之类的活动
- 报一个你可能会喜欢的运动起步者的班
- 听着音乐做家务
- 尝试一种新的运动或是活动
- 和家人或朋友一起骑自行车
- 去当地的活动中心查看即将安排的活动
- 玩高尔夫——带上你的高尔夫球棒或者用拉车以燃烧更多卡路里

少花钱或不花钱的运动。有时候花销是阻止你积极运动的障碍。但有很多活动很少或几乎没有花销。

- 散步是免费的
- 教堂和社区活动中心经常举行免费活动
- 用家用物品的重量做力量练习(用罐装食品、瓶装水等)
- 简单的拉伸运动可以改善机体柔韧性和关节活动力度
- 在附近寻觅一条小径
- 从二手商铺或是庭院拍卖会买辆自行车
- 尝试一种不需要昂贵器械的新运动
- 在老年活动中心、基督教青年会、当地的娱乐休闲中心里找免费或是打折的活动
- 你每天都例行做得像爬楼梯或是在远一点的地方停车以及走路都是免费的

室内运动。如果天气不好或者你宁愿待在屋里,你还是可以做很多种运动

- 放点音乐跳舞
- 把水壶、罐装食物之类的家用物品当哑铃做力量练习
- 在购物中心附近转转(大部分开放较早)
- 做椅上伸展运动(向你的动作团队要一份动作示范讲义)
- 跟着电视节目做运动
- 从图书馆或朋友那儿借一个运动录像带(像椅子舞、踏步走、初级有氧运动等)
- 去健身馆或是娱乐中心(参加基督教青年会)
- 参加当地社区中心或是老年中心举行的健美运动
- 如果外面太热……在室内游泳池游泳吧!
- 参加水中有氧运动班
- 去二手商店买旧的运动器械或是寻找打折的
- 在运动中心做类似壁球、网球、溜旱冰、保龄球之类的室内活动

计划好的运动。如果你想变得更有活力,你可以考虑很多运动。为了健康和多样性考虑,从下列三类中选择。循序渐进并选择你喜欢的运动。

有氧运动

- 走路
- 爬楼梯
- 园艺
- 舞蹈——任何种类都行
- 运动
- 慢跑或快跑
- 有氧运动课程
- 滑旱冰或是溜冰
- 滑雪
- 运动机器(跑步机或爬梯器具)

- 非负重和低强度的运动(这对每个人都是有益的，尤其对关节炎患者)
- 游泳
- 骑车
- 水上步行球或是水中有氧运动
- 一些运动机械(健身脚踏车、划艇机、滑雪机、空中漫步机)

力量训练

- 自选重量(哑铃、塑料桶装水、罐装食品)
- 橡筋带(修复术会用到)
- 素质练习(仰卧起坐、俯卧撑、引体向上等)
- 普拉提
- 环路机
- 实心健身球和平衡球

柔韧性训练

- 伸展练习
- 椅子运动
- 瑜伽
- 太极

运动和自身安全

如果你患有糖尿病或是有心脏或肺部疾病，在你开始运动项目前咨询你的社区初级护理团队。

安全常识要点

- 带上身份证，紧急情况联络信息和就医信息
- 在运动开始前、运动中、运动后都要喝水
- 保证有人知道你去哪里以及多久后回来
- 如果有手机请带上
- 注意天气变化
- 穿上适合运动的舒适、合脚的鞋袜

- 穿显眼点。穿亮颜色衣服。光线昏暗时，穿安全反光材质的衣服有利于司机发现你。
- 选择熟悉的路径
- 在公共场合要积极主动
- 避免偏远少有人前往的小径或路灯稀少的地方。
- 当从后面靠近一位散步者或是慢跑者时，在经过他们的身旁时口头提示一声。

什么时候停止运动。运动通常是安全的。但如果你有以下症状，立即停止运动

- 胸腔、脖子、肩膀、手臂、背上或下巴感到有点痛、紧、无力或不适。
- 严重的呼吸困难
- 出冷汗
- 严重恶心呕吐
- 肌肉痉挛
- 吞咽困难，说话困难或视物障碍
- 严重头痛，眩晕或轻度头痛
- 关节痛

如果症状几分钟后仍不消退，打911或去最近的急诊室。如果症状消失但每次运动又复发，咨询你的初级护理师。

增加有身体局限的退伍军人的运动量

我需要在运动项目开始前咨询我的卫生保健专家吗?

很多退伍军人在没有去初级护理师那里体检的情况下就安然开始轻度或中等强度的运动。你的卫生保健团队会告诉你在开始运动前是否需要进行体检。

总之，属于下列情况的退伍军人需要在开始前咨询他们的医护师：

- 有心肺问题的退伍军人
- 计划进行高强度运动的退伍军人

轻度、中等强度、高强度运动之间的区别？

• 轻度运动感觉像是慢慢走或是慢慢旋转。它不会导致你大量出汗或是喘不上气。

• 中等强度的运动像是快走和快速旋转。这些运动会导致你呼吸稍稍急促。它可能会让你轻度出汗，但不会让你上气不接下气或是筋疲力尽。

• 高强度的运动会让你心跳急促。你会因此大量出汗并喘不上气。

是否有需要避开的运动？

无论你身体情况有什么局限，很少有运动是不准入的。参看手册“对于某些特定病理状况有限制的运动”。

运动会使我的状况变糟吗？

运动几乎总会使病理状况改善。当你运动使状况恶化或带来痛苦时，避免或减少运动是明智的。

我服用的药物会影响我的运动能力吗？

运动和任何药物都是兼容的。但是，一些药物的效应需要密切监视。参看你的行动手册“运动和药物”。

我感到很疼以至于无法运动怎么办？

有规律地运动常常可减轻慢性疼痛。有时候需要几周时间才会开始见效。假如你现阶段的疼痛已达到阻碍你参加运动的程度，咨询你的卫生保健专家并讨论是否存在其他保健途径。

保持你运动的动力

让运动成为你每天的例行公事。下面是一些让你的运动计划保持下去的方法：

• 设定现实且可实现的目标

• 把运动时间变成你每天的规律

• 有一个支持的体系——朋友、家人或是运动群体

• 记录你的进步

• 考虑找一个教练

- 运用音乐和电视健康节目的帮助
- 使用计步器和里程表
- 保持多样性是关键
- 即使每天只有少量运动都会增进健康
- 经常查看你的进步
- 选择每天最方便的时间
- 始终积极进取
- 参加一个健身馆或是俱乐部的活动
- 享受运动

戒烟

千万不要放弃戒烟！无论你已经有多长烟龄或者你已经戒烟失败多少次，你都可以戒烟成功。

抽烟是早产儿死亡的主要可避免因素，也是疾病和死亡的主要原因之一。

吸烟和烟草使用的停止一直是美国退伍军人事务部最大的公共健康挑战。很多退伍士兵在服役期间开始吸食烟草。美国退伍军人事务部健康系统中吸烟的退伍军人的比率远高于美国普通人群。

大约百分之七十的烟民说他们想戒烟，但即使最有动力的人在他们成功戒烟前都失败过五至六次。每年有超过三百万的美国人成功戒烟。

为了帮助退伍军人戒烟，美国退伍军人事务部提供：

- 在初级护理时对烟草使用情况进行筛选
- 个别咨询
- 尼古丁替换疗法的处方，如尼古丁贴片，尼古丁口香糖或者其他药物
- 参加循证戒烟项目

接种疫苗，获得免疫

你可以通过获得对流感及其他可被疫苗防控疾病的免疫来保护自己和他人。根据你的生活方式和定居地考虑决定是否接种甲肝乙肝疫苗。目前还没有针对丙肝的疫苗。

流感疫苗

*为什么我要注射流感疫苗？*接种流感疫苗是最好的减缓病毒扩散的方法。流感疫苗可防止你感染流感。

谁应该接种流感疫苗？所有六个月大及以上的个体想降低患病风险的都该注射流感疫苗。流感的易感人群包括：

- 有健康问题的人，如哮喘，糖尿病和心脏病
- 年龄高于五十岁的人
- 怀孕妇女或打算怀孕的妇女
- 照顾婴儿或患病家庭成员的人
- 医疗工作者

*我可以在美国退伍军人事务部接种流感疫苗吗？*登记在退伍军人事务部康护中心的退伍军人和事务部的工作人员可以在他们最近的康护中心机构注射疫苗。如果你没有登记注册，在网上查看你的注册资格。

*我的家人可以在哪里注射流感疫苗？*事务部不承担退伍军人家属和工作人员家属的疫苗注射。如果你的家人想注射，在Fu.gov上查看注射点。

*流感疫苗有效吗？*研究发现接种疫苗可以减少与流感相关的疾病和死亡。

*我何时该接种？*秋天便可接种疫苗，这样你一冬天都能受到保护。你每年都要接种新疫苗以防止最新流感的感染。联系你最近的退伍军人事务所康护机构以了解疫苗的更多情况。

*流感疫苗到底是如何保护我的？*流感疫苗帮助机体产生抗体来对抗流感病毒。这些抗体可以保护你不受病毒感染。你接种流感疫苗后，你的身体大约需要两周时间产生足够抗体来保护你。

*为什么我每年都要接种新疫苗？*流感病毒会随时间变化。每年流感疫苗都会更新包含当年最可能扩散流行的病毒。

*流感疫苗里有些什么？*每年流感疫苗由三种灭活的流感病毒构成。专家会根据当年将会传播的流感病毒来决定流感疫苗的构成。

有时候病毒会在疫苗研制好后变化。即使这种变化发生了，你依然可以从疫苗中得到一些保护。

什么是高剂量流感疫苗？高剂量流感疫苗是联邦政府在2010年批准的。它只会给六十五岁以上的人注射。它有和标准剂量流感疫苗一样的三种类型的流感病毒，但是每种的剂量都更高。早期研究显示高剂量的流感疫苗有助于产生更多抗体来抵抗病毒。有些人在接种高剂量流感疫苗比接种标准流感疫苗时的现场不适感会更加强烈。 更多的为了解高剂量流感疫苗的研究在进行中。

我会因为接种流感疫苗而患上流感吗？不会，流感疫苗里的病毒都是无活性的，所以你不会因为接种疫苗而患流感。

接种流感疫苗后我还会患流感么？有时候还是会的，如果：

- 流感疫苗不含正在传播的这种流感病毒
- 你还没注射或一注射完疫苗后就接触流感。在疫苗生效前你还会患流感。
- 你的免疫系统很弱或者其他疾病使你需要更长时间产生抗体。
- 你的机体在注射疫苗后并未成功产生抗体

流感疫苗安全吗？是的，流感疫苗很安全。大部分接种疫苗的没有严重的副作用或对此有过敏反应。有些人在接种时会有红肿。少部分人会有持续一两天的轻微的身体疼痛、头痛或低烧。

医学机构审查了超过一千篇研究文章，结论是没有健康问题是和疫苗相关的。

我对鸡蛋过敏——我该做什么？最新研究表明流感疫苗可以被对鸡蛋过敏的人耐受而没有严重的反应。如果你对鸡蛋有严重的过敏反应，和你的医疗师交流一下决定你是否该接种疫苗。我可以做哪些措施来减缓流感传播速度？

- 避免和病人接触
- 经常洗手

- 不要用手摸脸
- 咳嗽、擤鼻涕时遮挡一下
- 生病时待在家

其他需要考虑的疫苗

肺炎链球菌疫苗:老年人和有特定病症的人更易感染肺炎链球菌。六十五岁以下的人在快接近六十五岁,离首次接种超过五年时需要再次注射一个加强剂量。

甲型肝炎疫苗:推荐给需要去其他国家或是生活在甲型肝炎发病率高的社区的人;或是有慢性肝脏疾病,男同性恋或是注射毒品的人。

乙型肝炎疫苗:比HIV更具传染性,乙型肝炎是可被免疫防御的性传播疾病。

麻疹,腮腺炎和风疹疫苗:1956年后出生的和所有没有得过此病或是没有注射过疫苗的育龄期妇女都该接种疫苗受到保护。

水痘(牛痘)疫苗:1966年后出生在美国未得过此病也没接种过疫苗的必须得到保护。成年人出现并发症的风险更大。

带状疱疹疫苗:带状疱疹是由和水痘一样的病毒引起的。超过六十岁的人可能接种过一针带状疱疹疫苗。先咨询你的医生。

破伤风,白喉疫苗:每十年需要一针破伤风、白喉疫苗的加强剂量。

针对国际旅客的疫苗:很多退伍军人和去其他国家旅游的美国人可能感染这些国家的常见疾病。

家人和朋友如何协助

让共同健康成为家庭目标。对彼此坦诚——你身材适中么?你健康吗?你吃得科学吗?一起下定决心定一个包含健康饮食,更多锻炼并获得乐趣的项目计划。更健康的饮食并不意味着单调的食物。相反，你可以用健康食材做出很好的食物。你也可以在锻炼中享受乐趣——去远足。如果你临海，海滩是个好选择。收养一条流浪狗——它能陪伴你并迫使你带它散步。选做一项运动或是参加一个有很多室外活动的俱乐部。有很多方法可以使你变健康。选择一个合适你的方法并坚持下去。

可利用的资源

以健康的体重为目标——美国国家心脏、肺和血液研究所 www.nhbi.nih.gov

国家另类及补充疗法研究中心:nccam.nih.gov/heath

美国国立卫生研究院:www.nih.gov

美国国立卫生青少年健康研究院：nihseniorheath.gov/

减少噪音：www.noisypanet.nidcd.nih.gov/Pages/Defaut.aspx

膳食补给办公室：http://ods.nih.gov

戒烟：Smokefree.gov

喝水重考虑：www.nih.gov

体重控制——体重控制信息网：win.niddk.nih.gov

领英军事社团罗盘资源注重军人社区的个人和家庭健康的：从 www.MCAeX.net 可了解更多教育机会；www.MCSFeX.net 可以找到奖学金和经济补助的机会；www.MCInfoEx.net 可获得一站式知识库和最新消息。

参考文献

American Psychiatric Association. (1994). *Diagnostic and statistical manual of mental disorders*, 4th edition. Arlington, VA: American Psychiatric Association.

Barlow, David H. (2002). Unraveling the mysteries of anxiety and its disorders from the perspective of emotion theory. *American Psychologist* 55:1247–63.

Beck, A. T., and Steer, R. A. (2000). Beck Depression Inventory. In Task Force for the Handbook of Psychiatric Measures (Ed.), *Handbook of psychiatric measures* (pp. 519–22). Washington, DC: American Psychiatric Association.

Benedek, D. M., Ursano, R. J., Holloway, H. C., Norwood, A. E., Grieger, T. A., Engel, C. C., et al. (2001). Military and disaster psychiatry. In N. J. Smelser and P. B. Baltes (Eds.), *Internationa encyclopedia of the social and behavioral sciences*, vol. 14 (pp. 9850–57). Oxford: Elsevier Science.

Bien, T. H., Miller, W. R., and Tonigan, J. S. (1993). Brief interventions for alcohol problems: A review. *Addiction* 88:315–35.

Briere, J. (1997). *Psychological assessment of adult posttraumatic states.* Washington, DC: American Psychological Association.

Brom, D., Kleber, R. J., and Hofman, M. C. (1993). Victims of traffic accidents: Incidence and prevention of post–traumatic stress disorder. *Journal of Clinical Psychology* 49:131–40.

Bryant, R. A., Guthrie, R. M., and Moulds, M. L. (2001). Hypnotizability in acute stress disorder. *American Journal of Psychiatry* 158:600–4.

Bryant, R. A., and Harvey, A. G. (2000). *Acute stress disorder: A handbook of theory, assessment, and treatment.* Washington, DC: American Psychological Association.

Bryant, R. A., Harvey, A. G., Dang, S. T., Sackville, T., and Basten, C. (1998). Treatment of acute stress disorder: A comparison of cognitive–behavioral therapy and supportive counseling. *Journal of Consulting and Clinical Psychology* 66:862–66.

Bryant, R. A., Sackville, T., Dang, S. T., Moulds, M., and Guthrie, R. (1999). Treating acute stress disorder: An evaluation of cognitive behavior therapy and supportive counseling techniques. *American Journal of Psychiatry* 156:1780–86.

Buss, A. H., and Durkee, A. (1957). An inventory for assessing different kinds of hostility. *Journal of Counseling Psychology* 21:343–49.

Buss, A. H., and Perry, M. (1992). The Aggression Questionnaire. *Journal of Personality and Social Psychology* 63:452–59.

Carlson, E. B. (November, 2002). Challenges to assessing traumatic stress histories in complex trauma survivors. paper presented at the annual meeting of the International Society for Traumatic Stress Studies, Baltimore, MD.___. (1997). Trauma assessments: A clinician's guide. New York: Guilford Press.

Carlson, E. B., and Waede, L. (November, 2000). Preliminary psychometric properties of the Trauma Related Dissociation Scale. Paper presented at the annual meeting of the International Society for Traumatic Stress Studies, San Antonio, TX.

Chemtob, C. M., Novaco, R. W., Hamada, R. S., Gross, D. M., and Smith, G. (1997). Anger regulation deficits in combat-related posttraumatic stress disorder. *Journal of Traumatic Stress* 10:17–36.

Dawson, D. (2000). US low-risk drinking guidelines: An examination of four alternatives. *Alcoholism Clinical and Experimental Research* 24:1820–29.

DiGiovanni, C., Jr. (1999). Domestic terrorism with chemical or biological agents: Psychiatric aspects. *American Journal of Psychiatry* 156:1500–5.

Dunning, C. M. (1996). From citizen to soldier: Mobilization of reservists. In R. J. Ursano and A. E. Norwood (Eds.). *Emotional aftermath of the Persian Gulf War: Veterans, families, communities, and nations* (pp. 197–225). Washington, DC: American Psychiatric Press.

Elsayed, N. M. (1997). Toxicology of blast overpressure. *Toxicology* 1 121 (1):1–15.

Fetsch. R. J., And Jacobson. B. 2007. *Manage anger through family meetings.* Colorado State University Extension. www.ext.colostate.edu/pubs/consumer/10249.html.

Foa, E. B., Keane, T. M., and Friedman, M. J. (2000). *Effective treatments for PTSD: Practice guidelines from the International Society for Traumatic Stress Studies.* New York: Guilford.

Foa, E. B., and Rothbaum, B. O. (1998). *Treating the trauma of rape: Cogni-*

tive-behavioral therapy for PTSD. New York: Guilford.

Franz, D. R., Jahrling P. B., Friedlander, A. M., McClain, D. J., Hoover, D. L., Bryne, W. R., et al. (1997). Clinical recognition and management of patients exposed to biological warfare agents. *Journal of the American Medical Association* 278:399–411.

Friedman, P. D., Saitz, R., Gogineni, A., Zhang, J. X., and Stein, M. D. (2001). Validation of the screening strategy in the NIAAA– Physicians′ guide to helping patients with alcohol problems. *Journal of Studies on Alcohol* 62:234–38.

Gentliello, L. M., Rivara, F. P., Donovan, D. M., Jurkovich, G. J., Daranciang, E., Dunn, et al. (1999). Alcohol interventions in a trauma center as a means of reducing the risk of injury recurrence. *Annals of Surgery* 230:473–83.

Goldman, M., Brown, S., and Christiansen, B. (2000). Alcohol Expectancy Questionnaire (AEQ). In Task Force for the Handbook of Psychiatric Measures (Ed.), *Handbook of psychiatric measures* (pp. 476–77). Washington, DC: American Psychiatric Association.

Guskiewicz, K. M., McCrea, M., Marshall S. W., Cantu, R. C., Randolph, C., Barr, W., Onate, J. A., Kelly, J. P. (2003). Cumulative effects associated with recurrent concussion in collegiate football players: The NCAA concussion study. *JAMA*, 290:2549–55.

Jones, F. D. (1995a). Disorders of frustration and loneliness. In F. D. Jones, L. R. Sparacino, V. L. Wilcox, J. M. Rothberg, and J. W. Stokes (Eds.), *War psychiatry* (pp. 63–83). Washington, DC: Borden Institute.___. (1995b). Psychiatric principes of future warfare. In F. D. Jones, L. R. Sparacino, V. L. Wilcox, J. M. Rothberg, and J. W. Stokes (Eds.), *War psychiatry* (pp. 113–32). Washington, DC: Borden Institute.

Jordan, B. K., Marmar, C. R., Fairbank, J. A., Schlenger, W. E., Kulka, R. A., Hough, R. L., and Weiss, D. S. (1992). Problems in families of male Vietnam veterans with posttraumatic stress disorders. *Journal of Consulting and Cinical Psychology* 60:916–26.

Kelly, J. P., Nichols, J. S., Filley, C. M., Lillehie, K. O., Rubinstein, D., Kleinschmidlt–DeMasters, B. K. (1991). Concussion in sports: Guidelines for the prevention of catastrophic outcome. *JAMA* 266 (20): 2867–69.

King, D. W., King, L. A., and Vogt, D. S. (2003). *Manual for the Deployment Risk and Resilience Inventory (DRRI): A collection of measures for studying deployment-related experiences in military veterans.* Boston: National Center for PTSD.

Kirkland, F. R. (1995). Postcombat reentry. In F. D. Jones, L. Sparacino, V. L. Wilcox, J. M. Rothberg, and J. W. Stokes (Eds.), *War psychiatry* (pp. 291–317). Washington, DC: Office of the Surgeon General.

Koshes, R. J. (1996). The care of those returned: Psychiatric illnesses of war. In R. J. Ursano and A. E. Norwood (Eds.), *Emotional aftermath of the Persian Gulf War: Veterans, families, communities, and nations* (pp. 393–414). Washington, DC: American Psychiatric Press.

Kubany, E. S. (1998). Cognitive therapy for trauma–related guilt. In V. M. Follette, J. I. Ruzek, and F. R. Abueg (Eds.), *Cognitive-behavioral therapies for trauma* (pp. 124–61). New York: Guilford.

Kubany, E. S., Abueg, F. R., Owens, J. A., Brennan, J. M., Kaplan, A. S., and Watson, S. B. (1995). Initial examination of a multidimensional model of trauma–related guilt: Applications to combat veterans and battered women. *Journal of Psychopathology and Behavioral Assessment* 17:353–76.

Litz, B. T. (2002). *Iraq War clinician guide*, 2nd edition. Washington, DC: U. S.

Department of Defense.

Mayorga, M. A. (1997). The pathology of primary blast overpressure injury. *Toxicology* 121 (1): 17–28.

Mitchell, J. T., and Everly, G. S. (2000). Critical incident stress management and critical incident stress debriefings: Evolutions, effects and outcomes. In B. Raphael and J. P. Wilson (Eds.), *Psychological debriefing: Theory, practice, and evidence* (pp. 71–90). New York: Cambridge University Press.

Najavits, L. M. (2002). *Seeking safety: A treatment manual for PTSD and substance abuse.* New York: Guilford.

Norwood, A. E., Fullerton, C. S., and Hagen, K. P. (1996). Those left behind: military families. In R. J. Ursano and A. E. Norwood (Eds.), *Emotional aftermath of the Persian Gulf War: Veterans, families, communities, and nations* (pp. 163–96). Washington, DC: American Psychiatric Press.

Proctor, S. P., Heeren, T., White, R. F., Wolfe, J., Borgos, M. S., Davis, J. D., et al. (1998). Heath status of Persian Gulf War veterans: Self–reported symptoms, environmental exposures and the effect of stress. *International Journal of Epidemiology* 27:1000–10.

Resick, P. and Schnickle, M. (1993). *Cognitive processing therapy for rape victims: A treatment manual.* Thousand Oaks, CA: Sage Pubications.

Resick, P. S., and Schnicke, M. K. (2002). *Cognitive processing therapy for rape victims: A treatment manual.* Newbury Park, CA: Sage.

Resnick, H., Acierno, R., Holmes, M., Kilpatrick, D. G., and Jager, N. (1999). prevention of post–rape psychopathology: Preliminary findings of a controlled acute rape treatment study. Journal of Anxiety Disorders 13 (4): 359–70.

Rothbaum, B. O., Meadows, E. A., Resick, P., and Foy, D. W. (2000). Cognitive-behavioral therapy. In E. B. Foa, T. M. Keane, and M. J. Friedman (Eds.), *Effective treatments for PTSD: Practice guidelines from the International Society for Traumatic Stress Studies* (pp. 60- 83). New York: Guilford.

Ruzek, J. I. (2003). Concurrent posttraumatic stress disorder and substance use disorder among veterans: Evidence and treatment issues. In P. Ouimette and P. J. Brown (Eds.), *Trauma and substance abuse: Causes, consequences, and treatment of comorbid disorders* (pp. 191- 207). Washington, DC: American Psychological Association.

Ruzek, J. I. and Zatzick D. F. (2000). Ethical considerations in research participation among acutely injured trauma survivors: An empirical investigation. *General Hospital Psychiatry* 22 (1): 27-36.

Schlenger, W. E., Caddell, J. M., Ebert, L., Jordan, B. K., Rourke, K. M., Wilson, D., et al. (2002). Psychological reactions to terrorist attacks. Findings from the National Study of Americans' Reactions to September 11. *Journal of the American Medical Association* 288:581-88.

Scurfield, R. M., and Tice, S. (1991). Acute psycho-social intervention strategies with medical and psychiatric evacuees of "Operation Desert Storm" and their families. *Operation Desert Storm Clinician Packet.* White River Junction, VT: National Center for PTSD.

Shinseki, Eric K. (2010). Launch of homeless Intervention program by the Department of Veteran Affairs, December 16.

Shuster, M. A., Stein, B. D., Jaycox, L. H., Collins, R. L., Marshall, G. N., Elliott, M. N., et al. (2001). A national survey of stress reactions after the September 11, 2001, terrorist attack. *New England Journal of Medicine*, 345:1507-12.

Slagle, R. A. 1985. *A family meeting handbook: Achieving family harmony happily.* Sebastopol, CA: Family Relations Foundation.

Solomon, S., Keane, T., Kaloupek, D., and Newman, E. (1996). choosing self-report measures and structured interviews. In E. B. Carlson (Ed.), *Trauma research methodology* (pp. 56–81). Lutherville, MD: Sidran Press.

Sonnenberg, Stephen M. (1996). *The trauma of war: Stress and recovery in Vietnam veterans.* Arlington, VA: American Psychiatric Press.

Spielberger, C. D. (1988). *Manual for the State-Trait Anger Expression Inventory.* Odessa, FL: Psychological Assessment Resources.

Steil, R., and Ehers, A. (2000). Dysfunctional meaning of posttraumatic intrusions in chronic PTSD. *Behaviour Research and Therapy* 38:537–558.

Sylvers, P., Lilenfeld, S. O., and LaPrarie, J. L., and Lilenfeld (2011). Differences between trait fear and trait anxiety: Implications for psychopathology. *Clinical Psychology Review* 31:122–37.

Ursano, R. J., McCaughey, B. G., and Fullerton, C. S. (Eds.). (1994). *Individual and community responses to trauma and disaster: The structure of human chaos.* New York: Cambridge University Press.

U. S. Department of Veterans Affairs (2010). VA′s Wide Path Out of Homelessness. see www.mentalhealth.va.gov/featureArticle_Oct–Homelessness. asp

Vlahov, D., Galea, S., Resnick, H., Boscarino, J. A., Bucuvalas, M., Gold, J., et al. (2002). Increased use of cigarettes, alcohol, and marijuana among Manhattan, New York, residents after the September 11th terrorist attacks. *American Journal of Epidemiology* 155:988–96.

Wain, H. J., and Jaccard, J. T. (1996). psychiatric intervention with medical and surgical patients of war. In R, J. Ursano and A. E. Norwood (Eds.), *Emotional aftermath of the Persian Gulf War: veterans, families, commu-*

nities, *and nations* (pp.415–42). Washington, DC: American Psychiatric Press.

Weathers, F. W., Keane, T. M., and Davidson, J. R. T. (2001). Clinician–Administered PTSD Scale : A review of the first ten years of research. *Depression and Anxiety* 156:132–56.

Wilson, J. p., and Keane, T. M. (Eds.). (1996). *Assessing psychological trauma and PTSD*. New York: Guilford Press.

Wolfe, J. W., Keane, T. M., and Young, B. L. (1996). From soldier to civilian: Acute adjustment patterns of returned Persian Gulf veterans. In R. J. Ursano and A. E. Norwood (Eds.), *Emotional aftermath of the Persian Gulf War: Veterans*, *families*, *communities*, *and nations* (pp. 477–99). Washington, DC: American Psychiatric Press.

Wolfe, J., and Kimerling, R. (1997). Gender issues in the assessment of PTSD. In J. Wilson and T. M. Keane (Eds.), *Assessing psychoogical trauma and PTSD* (pp. 192–238). New York: Guilford.

Wright, James D., and Beth A. Rubin. (1997). Is homelessness a housing problem? In Dennis P. Culhane and Steven P. Hornburg (Eds.), *Understanding homelessness*: *New policy and research perspectives*. Washington, DC: Fannie Mae Foundation.

Yerkes, S. A., and Holloway, H. C. (1996). War and homecomings: The stressors of war and of returning from war. In R. J. Ursano and A. E. Norwood (Eds.), *Emotional aftermath of the Persian Gulf War : Veterans*, *families*, *communities*, *and nations* (pp. 25–42). Washington, DC: American Psychiatric Press.

术语表

activities of daily living (ADL) 日常生活活动

Air Force Assistance Fund(AFAF) 空军援助基金

Air Force Board for Correction of Military Records(AFBCMR) 空军服役记录校正委员会

Air Force Wounded Warrior(AFW2) Program 空军伤员项目

America Supports You (ASY) 美国支持你(网站)

Americans with Disabilities Act (ADA) 美国残疾人法案

America's Job Bank 美国就业库(网站)

Army Board for the Correction of Military Records (ABCMR) 陆军服役记录校正委员会

Army Career and Alumni Program (ACAP) 军队生活和战友计划

Army Emergency Relief (AER) 陆军紧急救援组织

Army Knowledge Online (AKO) 陆军知识在线(网站)

Army Wounded Warrior Program (AW2) 陆军伤员项目

Basic Allowance for Subsistence(BAS) 基本生活津贴

Board for Correction of Naval Records(BCNR) 海军服役记录校正委员会

causal pay 军人预付金

Centers for Disease Control and Prevention (CDC) 疾病控制与预防中心

civilian legal counsel 民事法律顾问

Combat-Related Injury and Rehabilitation Pay (CIP) 战争伤害和康复补助

Combat-Related Special Compensation (CRSC) 战争特别赔偿

Combat Zone Tax Exclusion (CZTE) 战区免税政策

combat/operational stress injuries (COSI) 战斗/作战应激损伤

combined rating 综合等级评定

community-based health care organization(CBHCO) 社区医疗保健组织

Computer/Electronic Accommodations Program (CAP) 电脑/电子设备配置住所项目

Concurrent Retirement and Disability Payments (CRDP) 退休和残疾共同补助

Continued Health Care Benefit Program (CHCBP) 持续医疗福利项目

DD Form 214—Certificate of Release or Discharge from Active Duty 解除现役证明文件

DD Form 2586—Verification of Military Experience and Training 军人经历和训练证明文件

DD Form 2648—Pre-separation Counseling Checklist 预备退役咨询列表

Department of Veterans Affairs(VA) 退伍军人事务部

Director, Secretary of the Navy Council of Review Boards.(DIRSECNAVCORB) 海军复审委员会秘书长

Disability Evaluation System (DES) 伤残鉴定系统

Disability Evaluation System (DES) Pilot 伤残鉴定系统试点

disability retirement pay 残疾退休金

Disabled Transition Assistance Program (DTAP) 残障者过渡援助计划

Disabled Veterans Outreach Program (DVOP) Specialists 伤残军人拓展项目专家

DoD Job Search 国防部帮你找工作(网站)

DoD Suicide Prevention and Risk Reduction Committee's(SPARRC) Preventing Suicide Network[im1]. 国防部预防自杀和风险控制委员会预防自杀网络

efficiency 效能

Family and Medical Leave Act (FMLA) 家庭和医疗休假法案

Family Liaison Officer (FLO) 家庭联络官

Family Separation Allowance (FSA) 家庭分离津贴

fit/unfit 健康/不健康

formal Physical Evaluation Board (PEB) 官方身体健康评估委员会

GL-2005.261—Traumatic Injury Protection Payment 创伤性损伤保护补偿

Hardship Duty Pay Location (HDP-L) 困难岗位津贴支付点

Health and Human Services(HHS) 卫生与公共事业服务部

Health Resources and Service Administration(HRSA) 卫生资源和服务管理局

hemiplegia 偏瘫

hospitalized 住院治疗

Hostile Fire Pay/Imminent Danger Pay (HFP/IDP) 前线津贴

Individual Transition Plan (ITP) 个人过渡计划

informal Physical Evaluation Board 民间身体健康评估委员会

Invitational Travel Authorizations (ITAs), Invitational Travel Orders (ITOs) or Emergency Family Member Travel (EFMT) 探亲授权,探亲命令或紧急探亲

Job Accommodation Network (JAN) 工作地食宿网络

local veterans employment representative(LVER) 退伍军人就业地方经理人

Medical Evaluation Board(MEB) 医疗评估委员会

MedlinePlus 美国国家医学图书馆

mild traumatic brain injury (mTBI) 轻度创伤性脑损伤

Military Severely Injured Center (MSIC) 军人重伤医疗中心

minority opinion 少数派意见

Montgomery G.I. Bill (MGIB) 蒙哥马利大兵法案

Montgomery G.I. Bill—Selected Reserve (MGIB-SR) 预备役蒙哥马利大兵法案

National Association for People of Color Against Suicide(NOPCAS) 全国有色人种反自杀协会

National Association of Child Care Resource and Referral Agencies. (NAC-CRRA) 全国儿童保健资源与咨询机构协会

National Capital Region (NCR) 国家首都辖区

National Defense Authorization Act for Fiscal Year 2008 (NDAA) 2008年财政年度国防授权法案

National Institute of Diabetes, Digestive and Kidney Diseases 国立糖尿病、消化与肾病研究所

National Institute of Mental Health (NIMH) 国立精神卫生研究所

National Institute on Deafness and Other Communicative Disorders (NIDCD) 国家聋症与其他交流障碍研究所

National Institute on Dental and Craniofacial Research (NIDCR) 国家牙科与颅面部研究所

National Strategy for Suicide Prevention (NSSP) 预防自杀国家战略

Navy Marine Corps Relief Society (NMCRS) 海军陆战队官兵救助会

Navy Safe Harbor	海军避风港项目
ombudsman	申诉专员
Operation Enduring Freedom(OEF)	阿富汗持久自由行动
Operation Iraqi Freedom (OIF)	伊拉克自由行动
paraplegia	截瘫
partial pay	部分报酬/薪水
Patient Administration Team (PAT)	患者管理小组
Pay and Allowance Continuation (PAC)	工资和津贴延续政策
per diem	每日补助
Permanent Disabled Retirement List(PDRL)	终身残障退役人员名单
Personnel Service Detachment(PSD)	人事服务特遣队
Physical Evaluation Board(PEB)	身体健康评估委员会
Physical Evaluation Board Disposition	身体健康评估委员会
Physical Evaluation Board Liaison Officer (PEBLO)	身体健康评估委员会联络官员
Post-9/11 GI Bill9.11	之后退伍军人权利法案
post-traumatic stress disorder (PTSD)	创伤后应激障碍
Project Action	项目行动
quadriplegia	四肢瘫痪
REAlifelines	“生命线”伤员复员安置
Recovery Coordinator	复健协调员
Recovery Plan	复健计划
respite care	临时看护
return to duty	返岗
Savings Deposit Program (SDP)	储蓄存款计划
Secretary of the Air Force Personnel Council (SAFPC)	空军人事委员会部长

separate with severance pay	带遣散费离职
separate without benefits	无福利离职
Servicemembers' Group Life Insurance (SGLI)	军人团体人寿保险
severance pay	遣散费
SGLV 8714—Veterans Group Life Insurance(VGLI)	退伍军人团体人寿保险
SGLV 8715—SGLI Disability Extension	军人团体人寿保险伤残补充条款
Small Business Administration (SBA) loans	小企业管理贷款项目
Social Security Administration (SSA)	社会安全保障局
Social Security Disability Insurance Program (SSDI)	社会安全残疾保险项目
special pay	(海军/陆战队)特别给付
stable	(病情)稳定的
Substance Abuse and Mental Health Services Administration (SAM-HSA)	药物滥用和精神健康管理局
Suicide Awareness Voices of Education(SAVE)	自杀意识教育之声
Supplemental Security Income(SSI)	辅助性保障收入
Temporary Disability Retirement List(TDRL)	临时性伤残退休名单
Transition Assistance Program (TAP)	过渡期援助项目
traumatic brain injury (TBI)	创伤性脑损伤
traumatic event	创伤事件
traumatic injury	创伤性损伤
Traumatic Service members' Group Life Insurance(TSGLI)	创伤性伤兵团体人寿保险
TRICARE	军人健保系统
TRICARE Dental Program(TDP)	军队医疗系统的牙科项目
TRICARE Online	军队医疗在线(网站)
TRICARE Reserve Select(TRS)	军队医疗预备军人军队医疗系统

Troops to Teachers（TTT） 军转教计划

US Air Force Physical Disability Division 美国空军伤残军人部

US Public Health Service（USPHS） 美国公共卫生署

unemployment compensation for ex-service members 退役人员失业赔偿(金)

VA Form 10-8678—Clothing Allowance 服装津贴(主要用于伤残军人)

VA Form 21-4502—Vehicle Purchase and Adaptation
购车及适应补贴(主要用于伤残军人)

VA Form 21-526—Compensation and Pension 赔偿(金)和养老金

VA Form 21-8940—Increased Compensation Based on Unemployability
无工作能力的额外赔偿(金)(主要针对因伤残无法工作的退伍军人)

VA Form 22-1990—VA Education Benefits 退伍军人教育福利

VA Form 22-5490—Survivors' and Dependents' Educational Assistance
幸存者和军属教育资助(主要针对伤残军人)

VA Form 26-4555—Housing Adaptation
房屋改造费用(针对需要改造房屋以便于使用的伤残军人)

VA Form 28-1900—Disabled Veterans Application for Vocational Rehabilitation
伤残军人职业复健申请

VA Form 28-8832—Application for Counseling
咨询申请(主要是申请进行职业和教育发展咨询)

VA Form 29-0188—Application for Supplemental Service-Disabled
伤残军人人寿保险补充服务申请

Veterans（RH） Life Insurance. VA Form 29-357—Claim for Disability Insurance Benefits 残疾保险费索赔(免缴保险费)

VA Form 29-4364—Application for Service-Disabled Veterans Life Insurance
伤残退伍军人人寿保险服务申请

VA Form 29-8636—Veterans Mortgage Life Insurance Statement
退伍军人抵押人寿保险声明

VA Schedule for Rating Disabilities (VASRD) 退伍军人伤残鉴定安排表

Vet Center Program 退伍军人中心项目

Veterans Educational Assistance Program (VEAP) 退伍军人教育资助计划

Veterans Preference (federal hiring) 退伍军人优先(公务员招聘)

Veterans Upward Bound (VUB) program 退伍军人继续升学项目

Veterans Service Organization(VSO) 退伍军人服务组织

Vocational Rehabilitation and Employment(VR&E) 职业复健和就业项目

Wounded Warrior Pay Management Team (WWPMT) 伤残士兵给付管理小组

Wounded Warrior Project (WWP) 伤兵项目

Wounded Warrior Regiment/Marine for Life Injured Support 海军/陆战队伤兵支持项目